How to
HYGGE

The Secrets of Nordic Living

美好食物、溫暖燭光、
更多閒適和歡樂的 Hygge 生活提案

我想過北歐式生活

by
Signe Johansen

席妮·喬韓森———著   殷麗君———譯

Contents

—

目錄

序

你好，歡迎！ Hei, og velkommen ！

請放輕鬆，燒壺水泡杯茶，或者替自己斟杯威士忌，然後找個暫時不會受打擾的角落，北歐 hygge 生活的世界正等著你。〔譯註 1〕

你會問：「到底什麼是 hygge ？」

Hygge 這個詞來自丹麥／挪威文，翻譯成中文就是一種安逸、悠然的感覺，同時也代表著親密和歡樂。如果說，所謂的正念（mindfulness）意味著自我和內在的探尋，那麼 hygge 便是社交的、向外探尋的意思，也就是享受生活中簡單的小事，享受與家人、朋友的相處。

事實上，hygge 這個詞可以說概括了北歐生活中所有美好的一切。不過，要特別聲明的是，芬蘭文和瑞典文中並不存在這個詞，因此將整個北歐視為一體，用這個詞來探究我們幸福生活的原因，純粹出自我個人的創意發想。

近年來在許多有關生活品質的研究中，丹麥、芬蘭、冰島、挪威和瑞典總是名列前茅，這幾乎成了我們當地人茶餘飯後的笑話。我們這裡的生活經常被簡化為一系列陳腔濫調的既定印象：我們所有人都是金髮（包括家具在內——感謝 IKEA），愛吃醃鯡魚和肉丸，最偉大的輸出品是阿巴合唱團和大青蛙布偶劇場〔譯註 2〕裡的瑞典大廚。

譯註 1：hygge 讀音近似「呼個」，其字義說明請參見下文。
譯註 2：1976~1981 年廣受歡迎的布偶綜藝節目

我們的室內布置是純白色的，服裝色彩只有單調的灰色、灰色和……更多的灰色。如果你看過北歐犯罪影集，大概會以為我們喝咖啡不是論杯，而是用公升計算的。當然，上述這種諷刺的說法也不無幾分真實性，在全球咖啡人均消費量的排行榜上，北歐的幾個國家幾乎總是名列前茅。我們對咖啡因的確有點狂熱，不過考慮到這裡一年到頭室外幾乎總是寒冷陰暗的狀況，實在也無可厚非。

別誤會我的意思，北歐式生活並不完美，任何地方的人都有屬於自己的怪癖和特質，我們也不例外。

我們只不過在生活這回事上有著不同的觀點罷了。畢竟，我們可能是你位在東北邊的遠房親戚，只是我們的生活方式偶爾看起來很不一樣而已。因此這本書就要來探究北歐式生活的環境背景，以及我們是怎麼生活的。

把本書視為一本輕鬆的入門書就好，看看可以如何過上充實的生活，不必拿來當作聖經寶典，嚴格地遵循。我在書中給出的建議，你可以按自己喜好加以採用，但說實話，所謂 hygge 生活根本沒有什麼正確的規則可循，這只是一種文化上的概念，一種感覺罷了。

我曾經詢問英國最重要的飲食作家黛安娜・亨利，請她分享對於 hygge 生活的想法：

「我是在某個十二月的深夜抵達哥本哈根的，我人一到那裡，便立刻理解了 hygge 生活的概念，雖然當時我根本還沒聽說過『hygge』這個名詞。拖著行李前往旅館的路上，我們發現到處都

看得到燭光，寬闊櫥窗裡點著胖胖高高的大蠟燭，小一點的窗戶邊也點著小小的蠟燭杯，整個哥本哈根都被這些星星點點的溫柔光芒所照亮。我心想，這裡的人真好，才會體貼地為周遭所有人製造一些溫暖。

「隔天，我看見那些蠟燭又亮了起來，而且不只是在晚上才點起，不管是早午餐時段到小咖啡館，雙手捧著一杯暖暖的咖啡，吃著肉桂麵包，或者中午到餐廳去吃一客開放式三明治，到處都點著蠟燭。

「等我要離開前，才明白那些蠟燭的緣由。或許因為那裡天黑的時間比我們長，所以北歐人才想出如此的應對方法，同時也抵禦了寒冷。他們對抗黑暗的解藥不只有燭光，還有溫暖的厚襯衫、美好的食物和飲品，以及為布置美好的家所付出的認真用心。我對 hygge 生活因此有了了解——是悠哉、閒適、是生命中的小小喜悅、是喜愛依偎在沙發角落裡——而且衷心希望我們也能擁有。我想我們很需要。」

這也是我心裡的想法：我們的生活都需要 hygge。

由於我自身在食品產業的背景，這本書的重點還會側重在歡樂的宴會和團聚上。食物和酒無疑是 hygge 生活的重點所在，而我很幸運，成長在一個大家喜歡聚在一起自製餐點的家庭。但我的意思並非要你整天埋首在廚房，什麼東西都從零開始自己做。我提供一些激發你靈感的食譜，從快速的小點心到搭配咖啡小憩的糕點都有。藉由簡化烹飪技巧，你可以花更多時間在自己真心喜愛的事物上，或學習其他更有價值的生活技巧。我們許多人都

有無謂地把事情複雜化的傾向，在每一次可能的機會中，抗拒這種誘惑──我向你保證，你會有一種自由的感覺。

在北歐，大自然無疑為我們定下了生活的步調，我們對於自然的元素懷有一種健康的畏懼和敬意，全年不管哪個時節都感受得到戶外活動的呼喚──當年維京海盜出海掠奪絕不會因為一點點壞天氣就受阻，現在的我們當然也不會在乎。對我們來說，保持活力才算是活著，戶外生活和室內生活一樣重要。Hygge 生活有時被簡化成蛋糕、蠟燭、可愛柔軟的家具，但對我而言，hygge生活絕不只是無謂的沉溺，在某種程度上來說，是必須付出努力換得的。我的意思當然不是要你上山下海體驗極限運動，或從事痛恨的運動來自我懲罰──那也太誇張了。

到野外進行一些小小的探險，絕對勝過於待在城市的健身房裡拚命鍛鍊，但落實北歐式的實用主義勢必得做出一些小小的讓步。生活在倫敦這樣一個國際大都市，代表我一定必須有所妥協。這裡不像老家奧斯陸那樣容易就能到戶外玩耍，過去在隆冬季節時，我只要套上滑雪板，隨時就能到附近滑一個小時的雪。如果你想活得充實，最重要的是要提醒自己，無論你打開大門面對的是多悲慘的世界，每天都要把握時間過得有衝勁。近來有研究證明，比起屁股上的贅肉，懶散不動對我們的壽命危害更大。北歐式的哲學就是，看起來漂亮不重要，重要的是一年到頭都要有好心情。

Hygge 生活的基礎，來自於對簡單的渴望，來自於讓一切簡化回歸到基本的衝動。丟棄現代生活所帶來的焦慮和混亂，可以讓你重新找回自己的時間和精力，活出更有意義的人生。Hygge

生活的最高指導原則就是，把握我們在這世界上的短暫生命，善待自己、善待身邊的人。

所以呢，不管你是不是很迷北歐犯罪影集，或者偏愛北歐的設計，或者是否來過這裡旅行、嚮往我們的生活方式，我希望 hygge 生活能帶給所有人一些啟發。

我堅信，所有人都能在自己的生活中加入一點點北歐式的 hygge 情調，並從中受益，所以別猶豫了，快加入我們的行列吧……

席妮·喬韓森，倫敦，二〇一六

Chapter 1

一

自然與四季

走入大自然

「但光只是生存是不夠的。要活著，你必須有陽光和自由，以及
一朵摯愛的小花。」

——安徒生

「走吧，」某個晚春的晚上，正當我在哭訴有多痛恨複習功課準備
考試的時候，老爸突然打斷我：「我們去山谷採些百合花。」

於是我們就出發前往附近的森林，那裡的山坡不太好走，不算理想
的採花地點。我還記得我們岔出主要道路，艱難地往森林深處爬，腳底厚
重的登山靴嘎吱作響，我步履維艱地保持平衡不要跌倒（因為我還滿笨拙
的）。

我跟所有在那個星期面臨一連串考試、動不動就會反應過度的青少年
一樣，感覺世界末日隨時都要降臨。對於老爸莫名其妙纏著我長途跋涉到
野外來，我只覺得火大。我本來可以練習代數的，幹嘛來浪費時間！這趟
遠足簡直像是出任務一樣，我實在懷疑，不論是碰巧還是出自精心安排，
有哪個正常人會翻山越嶺來這片傳說中的採花寶地。不過，就是有像我老
爸這樣勤奮的採花人，這塊林間地是他在好幾年前發現的，後來每年五月
他都會回來。

然而，就在數以千計纖美的山谷百合出現在我們眼前的那一刻，所
有和考試相關的焦慮和恐懼全都煙消雲散，映入我們眼簾的是無邊無際的
燦爛芳香小花，在低垂樹林的半遮掩下，偶爾透過樹蔭落下的斑駁陽光，
在它們長長的葉子和雪花形狀的美麗花瓣上忽閃忽現。老爸和我興奮到快
昏頭了，只能傻傻地面面相覷，接下來大半個小時就開始瘋狂採花，這片
花海實在太遼闊，這些山谷百合花多到就算我們盡其所能拿回去妝點附近

的街區，剩下的花還是多到不行。

　　山谷百合，也就是鈴蘭，優雅纖嫩，正如同它的稱號「愛的小花」。山谷百合總讓我想起和家人有關的快樂回憶，而每當我快被倫敦煩擾的生活節奏消磨殆盡時，總可以藉此召喚我青春期那些森林中的回憶，除此之外，山谷百合也是我母親結婚時選擇的捧花。

　　就如同黛安·艾克曼在她的著作《感官之旅——感知的詩學》一書中所寫的，「嗅覺是我們所有感官中最直接的」，因此能觸發最難以抵抗的懷舊之情。在寫下這段文字的同時，我正拿起從倫敦香水店買的山谷百合沐浴香精，放在鼻子前面。我英國籍的外婆和母親一直都用這款沐浴香精，雖然昂貴的售價大大傷了我的荷包，我還是持續了這個傳統。這香味的嗅覺之旅引領我鑽進回憶的暗巷，而且總能帶來喜悅：山谷百合明亮的前味，帶有一種乾淨的露水清香，象徵著春日將近的希望，再參雜上一絲悶熱夏夜的刺激麝香味。

　　噴上一點這種涼爽、清新的香氛，帶來的不只是嗅覺上的喜悅，更象徵了我與大自然的一部分重要連結，以及一部分的感官地圖，而這地圖反映出的正是我對於生命的獨有詮釋。你絕對也有過觸發類似反應的感官經驗，而且我敢說，你在童年、青春期一直到成年階段，也一定曾從事過戶外活動，而其中有些氣味會因此深深烙印在你的感官 DNA 裡。

定出生活的步調

　　自然確實在北歐地區為我們的生活定下了步調，而且正應和了愛默生的說法：「她的祕訣就是耐性。」北歐國家所有吸引人和重要的特點，像是我們的飲食文化、優秀的設計、建築或甚至社會民主傳統，或多或少都源自我們對自然的敬意。我們不和漫長陰暗的冬天爭鬥，反而學習如何

擁抱寒冷，如何為寒冬做準備，以及如何在外界天氣慘兮兮的狀況下，從室內找到歡樂——在下一章中，我會特別討論這一點。

Hygge 生活，是回歸到基本，是區分生活中大小事的重要順序，也就是說，我們北歐人不會為了沒有意義和不了解的事空轉。事實上，若不仔細觀察這裡的自然和四季以及它們對我們的自我認同的重要性，是無法充分理解丹麥、芬蘭、冰島、挪威和瑞典的生活，也不可能完全理解 hygge 生活的。所謂北歐人的定義就是，對於大自然，我們既是熱情的觀察者，也是參與者。經歷漫長的歷史後，我們對於短暫、令人狂喜的夏季和漫長、嚴峻的冬季之間的鮮明反差，發展出一套應對的策略。

我們對於可口的蛋糕、閃爍的燭光和美麗室內裝潢的熱愛，是 hygge 生活的重點之一，但我們對「自然生活」（friluftsliv）的愛（比較貼近的英文說法應該是「自由空氣生活」（free air life），重要性同樣不分軒輊。易卜生應該是第一位提出這個概念的，在他一八五九年的詩作〈在高原〉（On the Height）中，他首次創造出這個說法；原詩很長，所以我只挑這個段落來與你們分享：

> 在寂寞的高山農場，
> 我有充沛的獵物可捕，
> 有一座壁爐，一張桌子，
> 還有豐富我思緒的自然生活。

我猜大部分北歐人都看得出來，易卜生想說的是那種想逃離一切、在自然中找到慰藉的渴望，最好能住在遠離大馬路的一間小木屋裡，養一隻麋鹿或羊來作伴。這當然不是在北歐才能有的體驗，我很清楚這樣議題就會轉到刻板印象的範圍了，北歐的特別之處在於，我們擁有在任何時刻都能徜徉在大自然的自由，這樣的權利在此是神聖不可侵犯的。如同羅伯

特・麥克法倫〔譯註〕在《古道》一書中所說的：

「我……羨慕斯堪地那維亞所有人所擁有的慣有權利。這種慣例——
這地區不曾歷經數個世紀的封建主義，因此沒有傳承對地主階級的敬意這
回事——讓每個公民得以行走在所有未開墾的土地上，只要他（或她）不
造成任何傷害；可以生火；可以睡在任何住宅庭園外面；可以採集鮮花、

─────

「大自然讓你平靜，讓你反省什麼是生命的真正本
質。」

∞ 在自然中尋求慰藉，是北歐 hygge 生活的重點。

堅果和莓果；可以在任何水域游泳。」

接近自然是一種人權，所有人都可以從中受惠，而不僅限於少數特權人士。你不必擁有昂貴的名牌越野吉普車，或花很多錢才能接近自然，一旦置身在野外，什麼地位名望統統都不重要——這才是民主的終極理想畫面。

之前有人問我，挪威人的主要特徵是什麼，我想不出什麼簡潔的答案，只好說熱愛滑雪、木屋癖、有咖啡癮，還有發明了迴紋針。事後想來，我應該少耍點嘴皮，換成現在，我會這樣回答，我們許多人和易卜生詩中所說的一樣，渴求自然生活，而且身為北歐人的我們很自豪擁有麥克法倫所指出的——法律明定的、在野外徜徉的自由。這並不代表我們本身是孤獨的生物，或者我們抗拒現代化，只活在某種永久逃避現實者的幻想中；而是因為，我們感受到強烈的需求，想從現代生活的煩囂中逃離，以便自我省思、整理思緒，培養出對生命的判斷力。

根據聯合國的資料，全世界有百分之五十以上的人口都住在城市，而且這數字到二〇五〇年預計還將提高到百分之六十六。雖然城市提供了大量文化、經濟、政治和社交上的機會，但研究同時也顯示，居住在城市與心理疾病的增多有所關連，在世界變得越來越城市化的趨勢下，我們有必要點出這個事實：現代生活的步調讓我們精疲力竭。研究還進一步顯示，在逐漸孤立的城市生活中，我們要是能暫時脫離工作、日常的煩惱，以及最重要的——逃離行動電話和平板電腦的控制，對於心理或身體健康都有相當大的助益，因此「數位戒毒」變得越來越常見，要是你想擺脫手機沒完沒了的訊息提醒，還有比走進找不到 WiFi 訊號的野外更有效的方法嗎？

我從居住在倫敦將近十年的經驗得知，每隔幾個星期我內心就會浮

譯註：英國作家

現遠離城市的衝動。警報器、交通、企圖闖紅燈的腳踏車騎士、刺耳的遊行、通勤的人們緊咬的下顎……這或許是個國際大都市，但緊迫的程度已經超出我的身體所能承受的範圍，讓我非逃離不可，而且我這樣的例子在倫敦人中屢見不鮮。當我們還生活在挪威的時候，我可以到離家幾百公尺外的森林去採個花，或者下課後套上滑雪板，就能在附近的山丘來趟越野滑雪。

在那裡，我們可以更簡單、更自由地從事讓人脫離現代生活壓力的小小日常娛樂。當時我們住在首都奧斯陸，距離市中心三十分鐘的地方便有水晶般清澈的峽灣、絕佳的滑雪坡道，和名叫努爾馬卡森林的廣大曠野，而且真的非常安全。我可以獨自或和朋友一起走進野外，似乎從來沒有爸媽擔心有戀童癖或連續殺人犯會等著抓我們，對我們做什麼不可告人的事。其他的北歐首都也同樣擁有城市和自然景觀並列的狀況，讓市民隨時可以輕鬆地到戶外接近自然，我想，光是這個特徵，就足以對這些城市的高品質生活做出巨大的貢獻。在《快樂城市》一書中，哥本哈根被稱作是城市計畫的典範，城市裡的諸多設計都是為了滿足居民所需，寬大的自行車道便是一個重要的例子：市議會發現自行車騎士在城市中穿梭時很喜歡並肩聊天，於是才將車道建得特別寬。像這樣的小細節，可以讓更多地方變得宜居。

大自然讓你平靜，安頓你的身心，讓你退後一步，反思生活的本質。依我看來，如果你的思緒被焦慮、恐懼、壓力所佔據，到森林去度個短假、到海邊散散步或去爬個小山，比任何昂貴的手提包或最新流行的必買小玩意，都更能提振你的精神。

保持平靜，擁抱一棵樹：生態治療的益處

人類學家瑪格麗特・米德曾經提到，是「精神和心靈的祖先」形成

了我們的自我認同。不論你是否認同這個觀點，我敢打賭，回歸我們祖先時代的風景，絕對有心理治療的效果。我並不是什麼倡導擁抱樹木的奇怪嬉皮，只不過我和大自然的每次相遇，總能獲得預期之外的獎賞，幫助緩解我對於學校、朋友的潛在焦慮，以及對於未來的恐懼。我在大自然中不斷發現的奇妙之處在於，自然除了有治癒能力之外，還會帶來一種清明的感覺，讓人重新聚焦和重獲使命感。花時間身處大自然會有深入的治療效果，這個對我們大部分喜歡戶外活動的人來說或許很理所當然的事實，也逐漸在「生態治療」之外的領域越來越受到認可。

根據二〇一五年史丹佛大學的一項引人注目的研究報告《自然經驗降低反芻作用及大腦膝下前額皮質區的活性》，發現花時間到大自然活動的人，比較不容易鬱悶沉思。自然的照護能力尚未被充分理解，但科學家和醫學專業人士都開始倡導多多從事戶外活動。人類與自然之間的關係必須是互惠的，意思是說，為了大自然的未來，我們必須知道如何去照顧、維護它。雖然維京海盜過去素有掠奪的惡名，但現在的北歐人了解，你不能遛達到大自然裡，恣意取走自己想要的。即使你對大自然的許多祕密一無所知，還是可以自願去維護花園，或到本地的自然保護區去幫忙。

根據《衛報》的報導，現在醫生們開始建議病人多花點時間在園藝上，以改善心理健康狀況，而且長期以來園丁們一直提倡，將手伸進泥土裡翻攪弄得髒兮兮的，對你的免疫系統大有益處。你不妨考慮領養一棵樹；參加社群主導的活動，從中學習有關自然和工作規範的知識。

一步一步慢慢來，一切就會變得不一樣，所以即使你居住的地方只能有限度地接近大自然和野外，也不用氣餒，光只是看著大自然的影像，也有恢復精神的效果，梭羅就曾在一篇文章中提過這個概念。在醫院裡，可以看到戶外樹林景色的病患，復原的速度比那些只能盯著牆壁看的病患快得多。不管是一張瀑布的照片，或動物寶寶的照片，或是你窗外的樹林

景色，大自然就是有一種近乎魔法的療癒能力。

事實上，英國慈善機構「心靈」與艾塞克斯大學都發現，生態治療對於心理健康的益處是非常可觀的，而且無論是否身受心理健康疾病所苦，所有人都適用。他們發現身處大自然可以：

∞ 提升自尊心
∞ 幫助有心理健康問題的人回歸職場
∞ 改善健康狀況
∞ 減低社交孤立感

另外他們也發現，大自然對於兒童和青少年的健康有很大的益處，尤其能改善在學校的專注力，並且在性格養成期幫助他們建立良好的習慣，常接近大自然的孩童，比較能專心，較守規矩，創造力也比較強。不管是爬樹或是擁抱樹，盡可能接近大自然，只會讓人從中受益。

季節：無精打采的失眠與長長的冬眠

「沒有不對的天氣——只有不對的衣服。」

北歐人熱愛自然的另一個重要關鍵是，除非天氣預報的狀況真的很嚴重，不然，我們絕不讓壞天氣阻擋戶外冒險的去路。我們這裡說的壞天氣，是指一般天氣變化光譜中糟糕的那一端，例如零下 20°C 是寒冷的極限，溫度低於這個限度的話，你最好穿上北極用的防風寒裝備，同時下面這個原則，對我們來說是基本常識：無論外面是下雨、下雪、天色灰暗或看起來怪怪的，你都得出門。

以漫長、陰暗的冬天聞名的北歐，慶祝夏天的興致經常高昂到讓外

人訝異，熱心的程度簡直可以媲美聖誕節。北歐的夏天雖然短暫，卻十分迷人，多虧了漫長的冬季，我們才懂得充分享受夏天的豐饒多產，大部分北歐孩子共同的回憶，是在夏天大啖盛夏長時間日照所滋養出的可口莓果；是微微閃爍的靛藍色峽灣；是森林裡的嬉戲；是和家人朋友長途健行。

　　我們一到盛夏，也會變得有點瘋瘋的，整個戶外就是我們的遊樂場，我們生營火、採野花，聚集成群開一場又一場的大型派對。一年一度的仲夏夜節，是慶祝人們從冬天中倖存，並期許把握短暫的夏天。挪威畫家尼可萊・亞斯楚普生動地畫出鮮綠色山景邊生起的橘色放肆營火、群聚的人

∞ 盛夏是歡慶的時節，這個季節我們會有點瘋瘋的，整個戶外就是我們的遊樂場。

和流動的音樂，在我心目中他是最能傳神描繪北歐仲夏夜慶典無窮精力的藝術家。亞斯楚普清楚地辨識出，「仲夏的狂喜」正是挪威典型的特色之一，而且距離他的畫作將近一世紀後，這個歡慶活動仍然持續存在。

大部分北歐人提起仲夏時節魔幻般的白晝與夜晚，總有自己的故事可說。在我個人的經驗裡，那段時間裡會有各種活動，像在森林裡捉迷藏、到挪威西岸的艾於蘭山谷（Aurland valley）裡星羅棋布的祕密角落去搜尋野草莓、用野花編成皇冠戴在頭上、到附近冰冷的峽灣去潑水玩。

等到了晚上，食物又會讓所有人群聚在一起，有朋友或訪客來的話，老爸會烤他白天從峽灣抓來的小龍蝦，或者我祖母會將所有壁爐生起火，用儼然餐廳廚房流水生產線的派頭，香煎本地山裡產的鱒魚（夠二十個人吃的量！）每塊魚排再用農家自產的新鮮奶油炸過，並且用檸檬、酸奶油和蒔蘿製作簡單的醬汁。當你在自己家裡就能吃到如此完美的餐點，誰還需要餐廳？我們這些小孩子總是忙得不亦樂乎，幫忙布置餐桌、淋沙拉醬、用白天採來的莓果做甜點，然後加入大人們的行列，一起享受長長的晚餐盛宴。天氣如何真的沒有人在乎，反正不管白天、晚上，都要盡可能待在戶外。

北歐的生活方式很簡單：因為我們吃得很好，一年到頭無論天氣如何都保持活躍，所以我們可以用美味的小麵包和蛋糕、柔軟的家飾和美麗的蠟燭來犒賞自己。Hygge 生活並非無目的的沉溺放縱，所有關於北歐生活是如何有益健康的老生常談，其中有一個關鍵的重點倒是真的——我們之所以可以活得健康，是因為選擇了一種合理、可持續的健康之道，無視那些倡導極端排毒或斷絕某類食物的流行飲食方法。

我們的哲學是，如果你老是為了食物、身體和生活而焦慮不安，怎麼可能健康？維京海盜和北歐神話教導我們，生活可能是嚴峻的，你無法確切地做出任何預測，所以我們逐漸演化成一個活在當下的民族，也就是說，要盡量把握善用每一個季節，因此我們相信新鮮空氣比健身房來得

好，攝取美味的食物比計算卡路里重要。沒錯，我們會吃奶油和蛋糕，但只偶爾吃，而且在享受甜食後，會增加活動量（而且絕大部分是戶外活動）來平衡。

在我成長的過程中，不管在哪個季節，與朋友、家人的團聚和慶典盛宴的重要性，一直是經常被提起的主題，尤其是夏天，那對我們來說是田園詩般的時光，因為會花大把時間快活地待在大自然裡；而冬天，則是從事滑雪、溜冰、滑雪橇等等刺激的活動，然後縮進室內，享受慢燉的豬五花肉、現烤的小荳蔻麵包捲，還有喝不完的熱可可，或者來一杯雞尾酒。不管戶外的光線是明亮或陰暗，我們都懂得把握善用每個季節，以下是一些實用的建議，讓你也能體驗看看⋯⋯

如何在大自然中 hygge 生活

說實話，這裡說的大部分都只是常識而已，但我真的很常遇見那種對自然和戶外活動完全沒概念的城市人，頻率高到會讓你嚇一跳，所以我還是先假設你是在城市裡暢行無阻的專家，不過一碰上森林小路就應付不來。

首先從最基本的說起：無論如何，要有備無患。你要先做好功課，在到戶外冒險之前，先查一查氣象預報，不管是在一年中的哪個時節，你會發現，多穿幾層衣服是有必要的，尤其如果你是在夏天到北歐去晃蕩的話，很有可能會遇到下雨，而且即使已是仲夏，山頂仍然積雪未退。穿一雙舒適的戶外靴吧，堅固而且抓地力強，可以避免滑倒滾下山，像我就有一雙穿將近二十年的古董 Timberland 靴，功能還是一樣健全。另外，出發前一定要將行動電話充飽電，準備一把瑞士刀也很實用。

到戶外時，攜帶輕盈的扁瓶非常方便，另外再帶些美味的咖啡小點心也絕對錯不了；在戶外隨興野餐時，如果有一條毯子可以坐當然很棒，

但其實只需要外套和幾個塑膠袋就能搞定。記得準備一個還可以的帆布背包，最好能防水，但千萬別發瘋花大錢去買什麼昂貴的東西，你需要的就只是耐用、價錢合理的東西。大自然才不在乎你有沒有什麼最新名牌流行配件，重點在於，細心穿戴一些實用、禁得起時間考驗的物件。

在我成長的國家裡，帶著一份自己簡單做的三明治，絕不是什麼丟臉的事。我到現在還對小時候常吃的經典三明治戀戀不捨，火腿、乳酪，配上大量的芥末、脆脆的萵苣和醃黃瓜，全都是源自挪威的童年記憶。事實證明，當你在新鮮空氣中徜徉好幾個小時之後，一片抹上鹽味奶油的好麵包，配上多到不像話的乳酪，吃起來就和精緻豐盛的三明治一樣美味。

避免使用會把三明治弄得濕軟的食材（沒錯，我說的就是小黃瓜），如果會到大太陽下，也要避免可能形成細菌溫床的材料，像是美乃滋或鮮奶油。除非你不怕麻煩願意帶保冷袋，否則海鮮也不是好選擇，很可能讓你的三明治發臭。

本書裡提供的大部分沙拉和蔬菜食譜，都是你到大自然探險時可選擇的低熱量食物，而且最重要的是，這樣你就可以把熱量的額度留給咖啡點心了，像是：

∞ 第 79、85、102 頁的瑪芬蛋糕。
∞ 第 104 頁的巧克力、杏仁及杏仁膏歐洲李。
∞ 第 96 頁的黑巧克力輕盈蛋糕。
∞ 第 87 頁的焦化奶油、糖、麥芽餅乾。
∞ 第 76 頁的小荳蔻麵包捲。

〈咖啡小憩之樂〉的專章裡還介紹了其他蛋糕，雖然也能切片放在密封容器裡帶去，不過淋醬會把手指弄得黏答答的，引來螞蟻和其他野生生物，所以還是以簡單為原則，遵循上面的建議吧。當年我們一群小孩在

奧斯陸滑雪比賽結束後，總會一人發一個小荳蔻麵包、一顆柳橙、一盒果汁，在山間爬上滑下的辛苦越野旅程之後，那簡直是人間美味。在戶外待上幾個小時之後，任何東西吃起來都很可口。

你真正要避免的，是那些重視好處勝於滋味的「健康食品」，這也是為什麼，有些大廚認為地瓜不算一流的烘焙材料。但我要說，如果你想吃瑪芬蛋糕，就好好吃一個用優質材料做的瑪芬，遠離那些「潔淨飲食」的替代品，因為跟奇亞籽、棗子和酪梨比較起來，那種沒滋沒味的糊狀物根本一點都不 hygge。

在水壺裡裝些茶、咖啡，或是第 169 頁介紹的酒香麥芽香濃熱巧克力，這些都是在野外最受歡迎的飲品，這樣做不但比隨機遇到的餐廳、小吃店省錢，而且你可以控制放哪些東西（酒！）到你的水壺裡。

Hygge 生活與社交活動經常是息息相關的，所以要是你親近的人不太愛戶外活動，那你最好考慮遠離他們……好啦，我開玩笑的。

但說真的，要是你很渴望戶外的 hygge 生活，但你的家人或朋友都不太感興趣，那你不妨考慮在地的俱樂部或社團，加入那些熱愛自然和戶外活動的人，安排閒暇或放假時去參加戶外活動。雖然聽起來可能有點像旅行社促銷北歐團的廣告，但我還是要建議你找機會去北歐度個假，研究一下，看看有哪些野外慶典可以讓你在較溫暖的月份參加戶外派對，或者考慮在可觀賞自然美景的地區，預訂一棟小木屋住宿。

如同本章稍早提到的，走進大自然對健康帶來的各種助益，現在已經逐漸受到認可。不管是上班日或週末，城市的人們總會盡可能待在公園或廣場，這絕對是好事一樁，但如果你有時間和意願，盡可能離開城市或者你身處的城鎮吧。德國人有一句話是這麼說的：「我們往一片藍前行。」意思是指說旅程沒有明確的終點站和目的，重點只是要走出去，享受沿途的風景，發現新的事物。

在我寫這一章的同時，倫敦的天氣冷得不符合季節常態，但就算這

樣也不能阻止我每天到布倫斯柏里廣場附近去散步，讓自己頭腦清醒。即使在下著毛毛雨的 4°C 酷寒黃昏，我還是會穿上套頭羊毛衣，緊緊裹上厚圍巾和溫暖的外套，到羅素廣場附近來次二十分鐘的快走行程。結果呢？除了臉頰泛起漂亮的紅暈外，最重要的是，我的思緒得以平靜、有秩序。試試看傍晚去呼吸些新鮮空氣吧，你會發現到了晚上會睡得更好。

我們被制約成總要不斷敦促自己，去參加三項全能或挑戰賽什麼的，但到大自然裡去活動本身就已經是很值得的目標了——你不需要無止境地追逐最新流行的健身風潮。趁孩子還小時，引領他們接近自然吧：當年我在幼稚園時，我們會上戶外課程，學習認識周遭的植物和野生生物，一直到現在，我對提琴頭蕨菜還是有點迷戀，因為當年我就是坐在野外上課時，認識到這種史前植物的，再加上它的名字實在是太貼切了。

我並不贊成在孩子應該玩耍、探索的年紀，過早灌輸他們知識，但孩童的求知慾很強，若在他們已經可以承受的狀況下，不去安排任何簡單輕鬆的戶外教育課程，似乎也有點可惜。就像烹飪是教導科學基礎的最佳途徑一樣，自然也能教導孩子共生在生態系中的重要性，以及我們與環境之間的關係。

你不必告訴他們所有高深的知識，然後開始要求他們辨認在植物中的斐波那契數列，測驗他們的幾何能力（不過，我從小數學很差，現在發現要是十幾歲時上過那樣的課，應該會很實用）。你只需要帶幾張白紙、蠟筆或色鉛筆去野外散步，就能讓孩子們在發掘創意的同時，也能認識形狀，吸收自然的美。

在自然中養育你的小孩，教導他們潛在的危險，教導他們冒險犯難以及面對自己的恐懼——這就是我們北歐人的方式。

將大自然的 hygge 精神帶進室內

如果你是社交媒體愛用者，那麼就努力去關注自然、戶外活動、園藝和景觀的部落格，以及相關的作家和攝影師吧。室內植物很可能會再度成為近期社交媒體上的新潮流，但對於任何 hygge 生活者的家來說，這都是一種永恆、無法戒除的癮。

最近我決定關注更多這類有關室內設計、戶外活動和植物的帳號，看到多肉植物的影像，或北極光和加拿大野外小木屋的照片，這比看見一雙鞋，或某個健身、生活風格大師穿著高價運動衣，邊做瑜伽倒立，邊炫耀她柔軟的肢體，讓我感覺愉快多了。

要創造自然的北歐 hygge 生活氣氛，最值得的投資之一就是，花時間好好觀察自己的居家空間。本書後面還會對這個主題有比較詳盡的討論，但我在這裡還是先提示幾個小訣竅，讓你可以輕鬆上手，在家中營造自然的氛圍。

>> 首先，利用日本收納女王近藤麻理惠的方法，問自己你所擁有的某樣東西是否還讓你怦然心動。如果沒有，就丟掉吧，一定要狠下心，因為紛亂的居住空間，只會讓心靈跟著紛亂。

>> 等你的居住空間裡只有自己真正喜愛和珍惜的東西後，請放進各種室內植物。根據 NASA 的研究，能淨化空氣的最佳室內植物有：

∞ 軟葉刺葵

∞ 波士頓蕨

∞ 藤蕨

∞ 吊蘭

∞ 萬年青

∞ 散尾葵

∞ 垂榕

∞ 黃金葛

∞ 火鶴

∞ 山麥冬

∞ 寬葉棕竹

∞ 非洲菊

∞ 香龍血樹

∞ 常春藤

∞ 黃邊虎尾蘭

∞ 紅邊龍血樹

∞ 白鶴芋

∞ 杭白菊

>> 身為廚師，我建議你還可以在廚房種一小盆蘆薈，不只因為照顧
　　起來不費心力，而且它的汁液對傷口癒合有奇效，萬一不小心燙
　　傷就能派上用場。

>> 每個星期買些鮮花回家（或者你很幸運擁有自己的花園，就剪一
　　些當季的花），小小一束花，搭配上蠟燭，就是你創造家居 hygge
　　氛圍的最簡單起點。堅持買單純一種種類或一種色調的花就好，
　　絕對要抗拒買混合花束的衝動，那樣只會看起來太花稍。

>> 鮮綠、藍、灰，和自然的暗藍灰色或亞麻色，有潛在的鎮定作用，
　　為你的北歐風家飾提供完美的背景。不管你身處何地，創造 hygge
　　生活都不需要太多花費。

Chapter **2**

戶外的誘惑

戶外活動

「與其上教堂，滿腦子想著運動，不如心懷上帝去滑雪吧。」
──佛里喬夫·南森

　　看到這裡，你應該可以歸納得出結論了──我們北歐人到戶外真的是如魚得水。不過，更重要的是，對我們來說，一年到頭都保持活力，才算是活著，在我們這個世界的一小角裡，戶外生活的比重和室內生活是一樣的，正如同挪威探險家佛里喬夫·南森曾說：「在大自然中活動的時候，是思索上帝、生命的意義或更宏大遠景的最佳時機。」

戶外活動永遠比上健身房來得強

　　如果可以選擇的話，就用戶外活動來代替上健身房吧，這是你進入真正北歐式 hygge 生活的最佳起點。很多研究都顯示，拋掉健身器材，換成到大自然裡流點汗，好處更多。從事戶外活動除了可以改善心理健康狀況、減輕焦慮之外，還能提高我們的能量、降低憤怒，同時獲取有益健康的維他命 D。在戶外伸展肌肉的同時，大腦也得以正向地舒展，在這一點上，科學似乎印證了我們早已知道的事實，挪威這句諺語更精確地傳遞了這個論點：

　　出門遠足去，永沒壞脾氣！

　　因此對戶外活動的愛好的確是深植在我們北歐人的 DNA 裡，這或許是維京海盜留下來的遺產──無時無刻地渴望活動、冒險和探究世界──

讓我們對於自我的認同得以完整。當然，北歐這裡的大眾健康問題和其他已發展的社會並無二致，同樣也有癌症、心臟病的困擾，肥胖和其他嚴重疾病的比例也在攀升中，但相較於鄰近國家，北歐地區的整體比例還是比較低的，在所有符合科學標準的公眾健康和壽命的指數上，北歐國家總是名列前茅。從令人心曠神怡的新鮮空氣，長時間在大自然中沉思，以及對生活抱持敏感覺醒的態度看來，北歐的人們似乎很清楚什麼才是重要的。

既然現今的城市居民比歷史上任何時期都來得多，那麼該如何安排自己的生活、善用自己的時間，北歐人熱愛戶外生活的範例應該會相當具有啟發性，所以就讓我們來探究一下北歐戶外 hygge 生活的世界吧。

「恨運動！恨運動！」

瑞典導演盧卡斯‧穆迪森廣受好評的電影《我們最搖擺》，背景是一九八〇年代的斯德哥爾摩，講述三位少女組了一支龐克樂團來對抗現狀的故事。「恨運動！恨運動！」電影裡她們一邊這樣大吼，一邊用《大青蛙布偶劇場》等級的音樂水準狂敲狂刷鼓和貝斯，她們用這首歌（用「歌」這個字，是很客氣的說法）來抗議某位討厭老師的體育課暴政。她們對團體運動興趣缺缺，因此受到老師的輕視，還被處罰要在體育館裡繞圈跑步。

「這世界是個太平間，但你們還在看柏格打網球！」她們用唱歌來回應老師粗魯的態度，歌詞對於我們這些成長在運動狂熱地區的人來說特別好笑。現在常有人說，運動已儼然成為一種全球性的宗教，但在北歐，這根本屬於神聖不可侵犯的領域。

或許有些人會贊同這些女孩和她們對體育課的排斥，因為年少時在體育課所受的創傷，導致一輩子都對運動退避三舍。我在奧斯陸的英國國際

學校讀小學時，上體育的英國老師認為女孩子只應該參與籃網球〔譯註1〕、繞圈球〔譯註2〕和柔軟體操，男孩子則可以選任何喜歡的項目。所以當我們別無選擇，只能玩籃網球或把身體彎折成奇怪形狀的時候，男生卻可以踢足球，這種不公平待遇讓我很生氣。這位老師對於性別和運動的古板態度，和我們挪威人的作法完全格格不入——我們認為女孩可以從事自己喜歡的任何運動，沒有人會指責她們不夠女性化，或提出任何沙文主義者常掛在嘴邊的無稽之談。

在許多國家，對於女孩參與運動仍抱持著古老過時的態度，就在這段運動剛好可以幫助減緩學校生活壓力和青春期焦慮的時期，許多女孩卻開始終其一生排斥體能活動和團體運動。由此看來，瑞典政府鼓勵女孩和女性參與運動，真的是一項開明的政策：結果現在瑞典全國的運動人口中，有百分之四十是女性。他們強調的是，要找到一種自己喜歡的運動，並且從中建立自信，而不是去培養未來的奧運冠軍。

他們的政府發現，這些措施帶來許多社會和經濟上的好處——人民在參與自己覺得有趣的運動時，不但比較快樂，而且在年輕時養成的習慣會跟著她們一輩子，也就是說她們的壽命會增加，而且與生活方式相關的疾病會變少，瑞典醫療健康體系的負擔也就相對變輕。這麼棒的計畫，怎麼會有人不希望女孩和女性們參與呢？但荒謬的是，這世界還有許多地區，女性仍受到社會體系的阻礙，不讓她們找到自己喜歡的運動或從事戶外活動。

如果你已經不年輕，一直以來都很排斥運動，而且對於從事新的活動感到恐懼的話，請鼓起勇氣吧：美國新近一項研究發現，即使你是中年，

譯註1：一種無籃板的籃球
譯註2：類似樂樂棒球

有很長一段時間都不運動，只要開始進行運動或體能活動後，依舊能增加長壽的機會，並且對心理健康有諸多助益，所以只要開始，永遠不嫌晚。

　　如同安娜‧凱瑟爾在她的著作《吃，流汗，運動》所寫的，現在是女性重新發現運動有趣之處的最好時機，你不需要爭強好勝，隨時想贏過所有人。沒錯，競爭或許很刺激，而且身為人類，我們的演化的確也是一代比一代更遠、更快、更強壯，但運動教我們更多的是如何好好生活。

　　運動不一定非粗魯和激烈不可，也可以是溫和放鬆的，而且也只有身為成人的我們，才能真正體會到運動為生活帶來的好處：運動場上學得的團隊精神，可以幫助你應用在職場上；保持身體的活躍，會讓你散發自信；你的步伐開闊了，可以直視陌生人的眼睛，並且能將真正的運動家精神應用在生活的其他領域。

　　許多人在離開學校後便放棄了運動，劍橋大學的一項研究發現，比起體重超重，不活動對健康的危害其實更大，久坐不動的人發病的機率比那些極度肥胖的人還高，這證實了我們這些熱愛活動者長期以來的懷疑，那就是：無論體型如何，或是 BMI 值低或高，長壽的關鍵在於要多動。

　　在北歐地區，運動並不只是關乎輸贏而已，從冬季運動如滑雪、溜冰、冰上曲棍球和跳台滑雪，到天氣較溫暖時的足球、手球、田徑、划船、風帆等等……所有的運動賽事都是大新聞，人民會為了本國運動員在國際比賽中表現精采而興奮，但如果輸了也鮮少有舉國同悲的狀況。要是自己國家的隊伍在大型賽事中被淘汰，你可能會感覺有一點點難過，但沒多久你就自顧自投身到戶外活動中，忘了這回事。一九九四年的利勒哈默〔譯註〕

譯註：挪威城市

冬季奧運中，挪威的越野滑雪接力隊被認為是奪冠的大熱門，而這是北歐所有滑雪愛好者最渴望參加的賽事；當義大利拿下冠軍時，地主國挪威觀眾肯定是一面倒地非常震驚，但也不至於到世界末日的地步。反觀英國媒體，每逢重要足球賽事總會讓大家對英國隊產生高度期待，然後等輸球時，再開心地將球隊和教練撕成碎片。

而且這不僅限於傳統運動而已，我們再看一些比較特別的北歐戶外活動吧，比如說芬蘭的「揹妻競走」比賽，讓男人揹著自己老婆跑障礙賽，就有點像英格蘭格洛斯特郡的古柏山滾起司大賽，不過芬蘭的揹妻競走更加瘋狂愚蠢，但這正是這比賽的目的——運動也可以傻乎乎的，不要太嚴肅了。在這個職業運動變得過度商業化的世界，我們都快忘記可以從簡單不起眼的戶外活動中獲得多少樂趣了⋯⋯

打獵與釣魚

> 「釣魚讓我放鬆，就和瑜伽差不多，不過可以殺生。」
>
> ——隆恩・史雲生

許多人都是因為哥本哈根最著名餐廳「諾瑪」的主廚雷奈瑞哲彼的緣故，認識到北歐人對野摘食物的熱愛，但較少有人注意到我們打獵和釣魚的傳統。釣魚和打獵是這個地區的生活方式之一，和階級或財富無關，就單純只是自古以來維持生存的方法而已，我們北歐人對釣魚和打獵，抱持的是一種務實的態度。對許多人來說，這些是對於身分認同很重要的傳統，負責任的獵人和漁夫在漁獵時對動物抱持極大的敬意，並且遵循政府訂立的規範。在歷史上，任何擁有漁獵權的地產都是極有價值的，我們家族就有一座這樣的農場，而我成長過程中，也常有親戚在附近溪流釣鱒魚，或在秋天時獵鳥和鹿。

「想了解北歐式 hygge 生活，就必須去深究那些我
們留存至今的傳統，正是那些傳統形塑和定義出今
日的我們。」

∞ 像燻魚之類的加工保存食物，源自於我們有必須儲糧度過漫長冬天的需求。

　　我曾經詢問過莎拉‧茂姆，她是一位瑞典獵人，也是一位國際新聞記者。她向我證實，打獵在瑞典同樣也被視為一種生活方式，打獵的人沒有任何特殊背景，主要還是來自農村的家庭。莎拉的車庫裡高掛著各種動物，像是鹿、麋鹿、野豬和野兔，和我家很像（我家是將獵物放在農場邊的一個小屋裡），打獵對莎拉來說，「不只是扣下扳機那一刻而已，而是整個打獵的過程。打獵讓我得以遠離倫敦的生活，安靜地身處自然之中……有時候就像一場漫長的等待遊戲，我可能坐在駐守點好幾個小時，一隻動物都沒看見，卻仍然甘之如飴。」

　　正好應和了上面隆恩‧史雲生的台詞，莎拉也是用手拿獵槍的瑜伽來比喻打獵。打獵和釣魚能帶來禪定般的平靜，是很多人選擇這些活動的常見理由，但莎拉告訴我，她決定跟隨父親的腳步、取得打獵執照，還有一個道德上的深刻理由：「我本身也很喜歡吃肉，而我相信，你必須為自己的飲食負責。藉由打獵，我可以實質上追蹤肉從出生地到餐盤的過程。我知道這肉是健康的，比超市裡買的絕大部分肉都更快樂地存活過，這對環境比較好，造成的浪費也最少。同時我也認為，應該面對一個事實：因為我要吃肉，就會有動物因此而死亡。這聽起來可能有點像廢話，但真的很多人樂於在超市買那些糟糕的培根，可是當他們看到屠宰影片，必須面對購買廉價產品的後果時，卻嚇得半死。」

　　如果你是肉食主義者，但想到殺生又覺得很可怕的話，莎拉這段話或許會讓你感覺不太舒服，但她說得並沒錯：這種北歐典型的戶外活動，遠遠不只是運動，而是表達對大自然的敬意，並且接受一個事實——吃動物是符合道德的行為。將這個主題放在 hygge 生活裡討論，或許有點奇怪，但我不想用糖衣去包裹這個事實：想了解北歐式 hygge 生活，就必須去深究那些我們保留至今的傳統，正是那些傳統形塑和定義出今日的我們。

滑雪是跳舞，山是永遠的主角

　　想當然耳，在北歐地區，佔絕對優勢的就是滑雪。從傳統的越野滑雪，到滑降、自由跳躍和貓跳式滑雪（mogul skiing）、單板滑雪、經典的自由腳跟滑雪，或坦白說有點可怕的跳台滑雪，應有盡有。我們當然不是人家講的「天生就會滑雪」，但的確是非常、非常、非常小就會了。老爸是個滑雪好手，因此在我四歲時就幫我報名進入奧斯陸當地的滑雪學校，那可是我們當地的滑雪傳奇人物湯姆·莫斯岱開的，即使後來已屆暮年，我們還是常常看到老湯姆在附近咻咻地越野滑雪。我們相信滑雪是一輩子的事，完全沒有偷懶的藉口，無論你年紀多大，適合的季節一到，滑雪板就是該派上用場，當大地新鋪上一層爽冽的白雪，山就會呼喚你。

　　我很幸運，在很小的年紀便有機會學習滑降和越野滑雪，爸媽一直很鼓勵我。滑雪是家人共同參與的活動，有好幾次我不斷跌倒，幾乎想放棄，但沒有關係，我還是會撢撢身上的雪，站起身，繼續嘗試，通常也靠著爸媽允諾的麵包和熱巧克力的鼓勵——沒有什麼比麵包點心和巧克力飲品更能建立人的適應力了！然後有一天，我目睹自己最好的朋友撞上一棵樹，把臉撞爛了，於是我的滑降滑雪練習到此結束。

　　由於恐懼深植腦海，我再也不曾滑下任何陡坡，我爸媽肯定相當驚愕，他們想不通為什麼，我在沒有任何解釋的狀況下，突然間就放棄了。真相是，我不好意思承認自己有多害怕，承認的話好像就代表了我在某方面的失敗，好像自己不夠像挪威人，於是我就只是直接拒絕去滑降滑雪，什麼都不多說。一直到許多年後，我才告訴他們原因，也獲得了原諒。我當然沒有失敗，那只不過預示了我的性格，表示我日後不會變成一個尋求刺激的青少年，長大成人後也不會是莽撞衝動的人。謹慎從那刻起便深植在我心裡了，我花了好長的時間才明瞭到這件事。

　　但回顧過去，我很疑惑自己為什麼會因為不想做某件事而感到羞愧。如果你只是一味逼自己去超越極限，是不可能完全領會戶外 hygge 生活的；你必須發掘自己喜歡的是什麼，別在乎那些你不感興趣的活動。畢竟，誰會在乎你喜不喜歡某種運動呢？關鍵在於，找到讓你快樂的事。對我來說，越野滑雪的嚴格和優雅所帶給我的快樂，遠遠超過滑降滑雪；有些滑降滑雪人堅稱越野滑雪十分無聊，看起來像是做苦工──那又怎樣？我也不會去批評他們像瘋子一樣往山下衝的慾望啊，因為每個人各有所好。

要更重視妳的身體能辦得到什麼……

　　「每個人看起來都好健康啊。」所有來訪北歐的朋友或同事都常提到這句話，對此我總是開玩笑地回道，這要感謝我們對奶油的熱愛，不過說正經的，這和北歐人對於身體的態度恐怕大有關係。關於北歐有個老掉牙的印象是，我們對於身體非常開放，在三溫暖裡喜歡全裸，有很多天體營愛好者，而且我們在公共場所全裸根本司空見慣，在某種程度上，的確是如此，基本上我們對於裸體真的滿自在的。

　　不過我們喜歡裸體的原因比表面上看到的更複雜，我是直到上大學前的空檔在日本待了一年，發現他們對於身體的放鬆態度跟我們很類似，才真正開始思考裸體這件事。如果你曾經去日本泡過溫泉，應該就懂我的意思了，所有人都沒穿衣服，沒什麼好大驚小怪的；他們也有極度重視衛生的文化，這和北歐也很類似，我們對乾淨這件事非常執著。

　　無論如何，在那次的異國經驗後，我來到英國念大學，發現這裡對於身體的態度比較……令人困惑。在這裡，身體的自然反應（像是上廁所）是令人羞愧和尷尬的，而且對身體外觀的關注遠遠超過挪威，在我的家鄉，胸部和屁股根本沒什麼特別的，就是身體的一部分而已；你的

大腿也不必非細得像火柴棒一樣，而是滑雪、踢足球和健行時很有用的人體器官。

在一杯、兩杯威士忌的助陣下，我得出的理論是：在一個以漫長、酷寒冬天著稱的地區，別人是以你的能耐來評斷你。換句話說，當一年有八個月都是冬天的時候，首要之務是要能生存下來，要是一個人沒有足夠的力氣將小屋前好幾公尺的積雪鏟開，或搬柴火、閃避熊，身材再苗條有致都沒有用，自然環境會以各種出其不意的方式測試你，擁有強壯身體的人才最有可能活下來。如果你在歷史頻道上看過《維京傳奇》這個影集，會發現維京女人是和男人並肩作戰的，並且在突襲行動中擔任「盾女」，和男人一樣都是勇猛的戰士，考古證據也證實了這一點，新近的研究還發現，女性不但與戰友並肩作戰，入葬時也享有同等的尊榮。

幾年前某一期美國《Vogue》雜誌對世界混合健身冠軍安妮‧索爾銳斯多迪爾（她的姓氏是冰島語中雷神之女的意思，非常適合安妮）的專題報導，就讓我聯想到這件事。專題名是〈全世界最健美女性〉，安妮的力量與能力除了非凡超群之外，更具有指標作用，她很勇猛、很果斷，而且對於自己無窮的力量感到從容自在。

在這篇訪談中，安妮說她想啟發女性和年輕女孩「更重視妳的身體能辦得到什麼，而不是看起來如何」，這句話正簡單總結了北歐戶外 hygge 生活的哲學。如果你花時間磨練自己的身體，目的是想看起來漂亮，或只是一心想變瘦，那你就完全搞錯了重點。根據許多關於身體形象與心理健康的研究發現，過度在意自己身體的外觀，絕對是自信不足和焦慮的肇因之一。滑雪、踢足球、泛舟、跑步、游泳──這些運動首要的目的是，讓你感覺很好，至於鍛鍊健身，只不過是附加的好處，如果你因為運動而得到不錯的外觀，那很不錯，但這絕不是你的最終目的。

「戶外活動能改善你的心理健康狀況，並將降低緊張的程度。」

∞ 如果你想改善健康和健身，最好的起點可能是一輛腳踏車，而不是健身房會員卡。

釋放身體，釋放心靈

當你感覺沒自信時，想想安妮睿智的建議，問問自己，你的身體能辦到什麼；回想一下，你最近一次對自己身體感到敬畏是什麼時候的事？我是認真的！不用害羞，我們的身體是混合了生物學、化學和物理學的神奇造物，神奇的設計讓我們隨時保持在一種精準的體內平衡狀態——通常只有等生病時，我們才能完全體會到身體的能耐。你並不需要那些號稱能「排毒」的產品，因為你的肝臟、腎臟和腸道消化系統，本身就具有絕佳的「排毒」功能了。

二○一七年全世界的健身和保健品產業，預估產值是驚人的一兆美金，沒錯，一兆美金。所謂的「健康」產業，基本上就是建立在讓你感覺自己很糟糕，很不合理吧？與其被最新流行的飲食法所誘惑，浪費錢買昂貴、聲稱有益健康卻沒有臨床證據的營養補充品，你應該做的是回歸基礎，改變你的態度。

釋放你的身體吧，為它的能力感到驕傲和感謝，別去理會那些無聊的宣傳，畢竟所謂「完美」的身體類型，這樣的言論本身就有毒，一點都不 hygge，別理會那些說法，你整個人就會感覺好多了。有太多人——尤其是女性——因為社會的制約而痛恨自己的身體，如果被人嘲笑的時候，你就要召喚出內在的《維京傳奇》拉格莎女王，我不是要你用斧頭把他們的腦袋劈成兩半，而是只要傲慢地瞥他們一眼，然後轉身離開就行了。

下次當你看見那種存心設計來讓人覺得自己很糟糕的廣告，或聽見有人批評別人的身材時，就直接問他：「這重要嗎？」光是說出口這個行動，就讓人有一種釋放感。讓自己從對身體的所有負面想法中釋放出來吧，你的心靈也將因此獲得釋放。

找出最適合自己的

大家都知道當樹懶過一生會有多愜意，但我們人類就是很擅長發明一些讓自己更遠、更快、更高的東西。汽車、火車、飛機和太空梭雖然讓我們的生活產生了革命性的變化，但我們人類卻越來越懶得動，已開發國家對抗肥胖的議題，幾乎天天都能上新聞。科技讓我們可以做到一些很棒的事，讓我們以祖先們無法想像的方式敞開心胸，但同時也給了我們藉口，不去進行身體做得到、也應該做的活動。

就像「越忙的人才越做得好事」這句話所說的，人要動才會產生更多能量，老是懶洋洋地坐著不動，只會讓你越活越像沙發上的馬鈴薯。生活在倫敦這樣的大城市，其實我可以過得超級懶散，但這城市也可能以料想不到的方式來鞭策激勵我。

在戶外活動這方面，現代城市生活讓你不得不做出某種妥協，像我這種恨不得一有時間就去採山谷百合的人，只能等時間比較充裕時再去，或改到附近空曠的森林去冥想健行，畢竟有一些不可抗力的因素是必須列入考量的：首先，是倫敦市中心的嚴重空氣汙染，最近有研究發現，城市裡糟糕的空氣品質不只會危害呼吸系統，也會對皮膚造成明顯的影響，導致過早老化，而且也很難找到天黑之後可以安全從事戶外活動的地方，泰晤士河更不是游泳的理想選擇。冬天的時候，我沒辦法在忙碌一整天後，套上越野滑雪板到布倫斯柏里廣場去滑一圈雪，附近倒是有不少時髦的健身房和健身工作室，但那裡擠滿以吃羽衣甘藍和穿昂貴運動服而沾沾自喜的人群，只會讓我忍不住想捶牆；更何況，有一項最新研究顯示，室內健身房設備上滿布的細菌，就和馬桶裡一樣多，所以謝謝再聯絡。

以下是我的室外 hygge 生活哲學：我只要一有機會，就會往戶外跑，

但待在城市裡的時候，就對健身活動做點妥協。有一個好方法是，將你的戶外活動選項想成是股票的投資組合，要盡可能多樣性，譬如說，早起第一件事，先到附近公園或廣場做二十分鐘瑜伽，然後有機會的話在市區盡量走路，但要避開主要道路，以避免過多的空氣汙染，或者到漢普斯特德荒野公園裡來一趟長長的散步，或在陽光燦爛的週末沿著河邊走走。

　　到了冬天，我家附近的飛輪教室放的音樂，讓健身感覺就像參加派對，當你感覺焦慮或快被城市碾成碎片的時候，來一節有心肺訓練效果的飛輪課，竄流而出的腦內啡效果堪比補藥，除了有趣之外，騎飛輪的確也幫我重新找回好久沒再體驗過的騎單車樂趣。在出門旅行前我絕對會先調查好當地的健身地點，打包時一定帶上一套泳裝、一雙運動鞋或登山靴，再加一套基本的健身器材。在過往幾次採訪旅行裡，我體驗過皮艇的樂趣，還有哈士奇拉雪橇的刺激，我還有好多夢想中的新活動想嘗試，像是射箭、柔道、獨木舟、攀岩、泥濘障礙賽……之類，溫和一點的活動就好。

　　看到這裡，你大概已經在翻白眼了：「妳一天中要花幾小時在戶外活動上啊？」老實跟你說，我並非一直如此積極，然而在我完成最早兩本北歐食物的食譜書之後，我總是疲倦不堪，衣服嚴重不合身，整個人很暴躁。為什麼呢？因為在那段集中的短時間內我必須測試完所有食譜（加上還協力完成了另外十二本食譜書），還要應付因為生病所造成的長期昏鈍欲睡，而且那些烤好的肉桂麵包總得要有地方去。如果我是荒野中一頭準備冬眠的熊，這樣的安排可能很不錯，但我是個三十多歲的女人啊，我可以感覺得出來，自己這樣的狀態並不理想。

　　所以有一天，我決定不再忍受，決定重拾我的北歐背景教導的最有效方法：重新走出戶外。我回想自己在焦慮的青春期做過的事，每當接近

攸關進入理想大學的考試，感覺天就快塌下來的時候，我總是走出戶外，到處活動，將焦慮甩到一邊。這是一帖簡單、由來已久的良方，而且只需要一點點勇氣，和一套合適的衣物，最重要的是，絕對有效。我們每個人一生中都會遇到挑戰和各種轉折，有時會感覺一切就快失控──這種時候，你必須後退一步，讓自己重新歸零。

之前猛吃甜食讓我身材走樣，同時也陷入情緒低潮，於是我知道自己該採取一些行動了。我報名了加拿大一位私人教練的諮詢課程，她寄來一張長長的調查表要我填，光是填寫調查表這個行動，就讓我想到更多一直在我心中的的長期目標，也讓我思索哪種飲食方法才可能持久，而且她還開誠布公地和我談到，重點是別急著鎖定任何特定的健身計畫，而是去品嚐各種新活動所帶來的樂趣。

如果你有不愛動的老毛病，無法決定哪種活動才適合自己，也別煩惱。你可能會忍不住想直接嘗試由名人背書的最新流行健身法，但如果你真的想體驗北歐 hygge 生活的喜悅，請一定要找出最適合自己實行戶外和室內 hygge 生活的方法。

對很多人來說，跑步可以增加活力，讓生活變得積極。我喜歡跑步的單純，因為你需要的只有一雙不錯的運動鞋和一點動機，但很不幸，我跑起步來像隻瘋狂的憤怒鳥，所以這不適合我，但若是游泳，我卻可以好幾個小時都不覺得疲倦和無聊。因此，我決定加入本地的 YMCA，每星期游泳三次，中間再穿插瑜伽課。不愛游泳的人常說游泳很無趣，只是在池子裡來來回回游個不停，但就像萊娜・薛普頓在她的《游泳課程》一書中所觀察到：

「在游泳時，我的心思隨著游移。我和自己說話。我透過泳鏡看出的世界是無聊而霧茫茫的，一趟又一趟都是相同的景象。這時世俗的、不

相干的回憶會鮮活地在我腦海中隨機湧現，浮動的思緒像是幻燈片般一幕幕播放，它們會閃現又消逝，像是睡前漂浮在意識之外的思緒，從不合邏輯，漸漸聚合成焦慮，最終模糊消失。」

游泳的人無疑地都會對薛普頓這段形容有所共鳴，但我和一些跑步的人聊過，他們也提到在戶外跑步時，同樣會進入這樣一塊「區域」，「浮動的思緒會像是一幕幕播放的幻燈片」——出現這種狀況，就表示你找到適合自己身體和性格的運動類型了。

每當我離開倫敦，到海岸邊去泡泡海水時，就會體驗到《艾倫‧狄波頓的人生學校：運動鍛鍊你的思考力》一書中所提到的，那種在大自然裡游泳的「喜悅的恐懼」，那種恐懼比較像是興奮，而不是害怕，和滑降滑雪帶給我的感覺完全不同。當你找到適合你的戶外活動時，就會感受到這種特別的驅力，恐懼會轉變成某種你可以接受的東西，而且那種驅力會逐漸滲透到你的日常生活中。

「努力是一種選擇。」我去的 YMCA 的告示板上有這樣一句激勵人心的標語。人類學家常提到所謂的「施為」（agency），以及我們人類這種社會行為者（social agents）是如何藉由施為來形成動機、激發出行動，因此在健身和戶外活動的例子中，如何 hygge 生活的哲學應該是這樣的：你選擇要多活動，你選擇要走出戶外，你選擇要充分發揮你的身體。

努力真的是一種選擇，人類的身體有能力從事的活動範圍極度寬廣，所以為何不善用身體的可能，盡量多活動呢？

簡單總結戶外 hygge 生活的哲學

∞ 活動才是活著。

∞ 戶外活動永遠比上健身房來得強。

∞ 無法隨心所欲到戶外活動時，也不要懲罰自己。

∞ 對於適合自己的活動，做出明智的妥協。

∞ 著手從事一種運動，即使先從觀眾或支持者開始當起也沒關係。
從運動中找到樂趣。

∞ 如果你童年曾在體育課上經歷過創傷，也別讓那妨礙你日後參與
運動。

∞ 笨拙、經常跌倒、滑雪時險險要撞到樹、手眼協調能力很差……
這些都不重要；運動的時候看起來像個笨蛋，也絕對別在意。那
萬一你是個笨手笨腳的人呢？我就是啊，但那從來不會阻止我盡
力活動自己的身體，過去到現在都一樣。

∞ 即使你的身體很笨拙，它仍然是一種偉大工程的結晶，讚嘆你的
身體所能辦到的一切吧。

∞ 如果你曾經很長一段時間都不活動，想到要運動就覺得害怕，就
先從最基礎的開始著手吧。好習慣是要花時間建立的，但有研究
顯示，即使只是每天讓固定的生活模式做些小改變，到最後一切
都會大不相同。不分四季，每天到附近公園散步二十分鐘，將會
提振你的精神，讓腦袋更清楚。

∞ 讓你的活動項目盡可能多樣化。重複做同一件事，會讓你迅速達
到平穩的狀態，然後很容易又陷入一成不變，所以只要有機會，
就盡量嘗試新的活動吧。

∞ 丟掉體重機吧！將注意力集中在運動帶給你的感覺上，能量是不

是提升了，姿勢有沒有變更好……把其他一切都當成是附加的好處就好。如果你只把焦點放在自己的外觀上，永遠不會快樂。

∞ 如果你跑起來像隻瘋狂的企鵝，而且感覺真的很糟糕，那也沒關係，不用強迫自己非從事這種廣受喜愛的運動不可。我只有在踢足球時才會跑動，即使如此，我喜歡的也只有衝刺而已。跑步狂熱者會試圖想轉變你，但如果你的本能告訴你就是不行，那還是聽自己的就好，你要找到自己喜歡的運動。

∞ 加入團隊永遠不嫌晚，如果身邊就是沒有，那可以找幾個志趣相投的朋友，自己組一個團隊。如果你有時間和意願，不妨嘗試當年輕孩子的教練作為回饋。

∞ 別對自己太嚴厲，有時輕鬆散步看看風景也不錯。

∞ 沒有人會後悔到戶外活動，尤其如果事後有美味的食物當作獎勵的話……

Chapter **3**

自給自足
的精神

Hygge 生活的技能

「自給自足是最珍貴的財富。」

——伊比鳩魯

　　將北歐式的生活過到極致，意思就是不管在哪個年齡階段，都要盡可能活動。大自然的呼喚啟發我們，無論是戶外室內的 hygge 生活都要充分享受，因此無論是到山間、森林裡長途健行，或一整個下午在花園裡從事園藝，或甚至只是到附近的公園爬爬樹都行，重點是隨時都能在簡單的活動中找到樂趣。也許你曾經受到奧運或殘障奧運場上了不起的運動家精神感召，建立了一個自己的團隊，每星期固定共同做些運動——無論你選擇的是什麼運動，都遠比閒暇時間在家懶散度日更能增進生活品質。

　　在我看來，關於北歐人熱愛動這回事，還有一個面相是我們尚未探討到的，那就是：我們自給自足的精神。身為人類就該動，就是這麼簡單明瞭。但知道該如何做，並親力親為去完成，對我們的自我認知也是至關重要，這是在數位時代的我們常常遺忘的道理。執行各種不同任務的能力，深植在我們的 DNA 裡，就如同以色列歷史學家哈拉瑞在《人類大歷史》裡所觀察到的，我們的祖先採集的不只有食物和材料，還有知識。

　　「為了生存，他們必須在心裡有一幅自己領地的詳細地圖。為了將每天搜尋食物的效率提到最高，他們需要知曉每種植物的生長模式和每種動物的習性。他們必須知道哪些植物是有營養的，哪些又會讓你生病，又該用哪些植物來治療。」

從考古紀錄可以得知，早期的智人並不是因為有趣才在無意間獲得知識的。他們是出於需要，才發展出這些重要的技能，並且加以磨練，好讓自己能夠生存。

「每一個人都必須了解如何製作石刀，如何修補磨損的斗篷，如何設置捕兔的圈套，以及如何面對雪崩、蛇咬或飢餓的獅子。要精通這每一種技能，都需要多年的學徒師承和練習。」

哈拉瑞表示，早期的採集祖先可以迅速而精準地將一枚打火石改造成矛，這是我們大部分的現代智人根本辦不到的。我當然不可能知道該怎麼做，除非有專家教，並且花好幾個小時去學習和練習，而且途中還免不了會受一點傷。考古學家不斷在墓地或廢棄已久的遺跡中，發現可以證明他們懂得使用技巧的各種物件——這些物件都屬於物質文化的一部分，可以幫助我們了解祖先們的生活。當年我的挪威籍曾祖父在他的農場，發現埋在地下的維京時期工藝品，研究人員辨認出這些物件分別有首飾、衣物上的銅釦、原產於愛爾蘭的繁複裝飾陶瓶、宗教象徵物，和一系列需要一定程度知識、創意和熟練度才能設計和製造出的物件。

早期人類擁有掃視地形便偵測出危險的能力，懂得製作物件（而且通常都很美觀）來自我保護，因此才能在充滿敵意的環境中生存下來：綜觀我們的整個歷史，這些技能幾乎是人類賴以生存的關鍵。

除了繁衍種族這種美好溫暖的行為之外，試問自己，要是你像我們的祖先一樣，必須面對各式各樣的挑戰，你會知道該怎麼做嗎？要是沒有受過藥劑師的專業訓練或植物學的背景，我們大部分人根本沒辦法分辨哪些植物可以治療傷病，然而歷史上那些傳統知識都是經由經驗所匯集成的（可以肯定中間一定經過大量的錯誤嘗試，人類才會很早就發現要避開帶苦味的植物，因為可能有毒），然後一代代地傳承，直到變成

具體的知識。

　　我有次夏天健行穿越歐爾藍山谷，一邊在挪威西部美麗的景色中長途跋涉十九公里，一邊思索這個議題。沿路可見流瀉而下的瀑布，和隨機點綴在陡峭岩壁上的古怪小木屋，但健行途中讓我最訝異的是一路上豐富多變的各色野花和植物：從小小的野蘭花，到草莓、藍莓、雲莓、山谷百合、具有極高毒性的附子草，還有各種欣欣向榮的山間小野花和茂盛的原始蕨類。和我結伴一起健行的表妹向我解釋了許多植物名稱和功用，這些資訊都是她從長輩那裡學來的。對於研究植物和園藝的人來說，這些是很重要的知識，但對沒有這些學習背景的人來說，這些植物就只是很漂亮而已。我對生長在生活周遭的植物一點洞察力都沒有，似乎也太羞愧了，後來多虧我對植物和花朵的一點點迷戀，我也順應新潮流變成了綠手指！

　　至於食物，到底什麼才是健康的食物？哪些食物對我們最有營養，至今仍爭論不休。媒體上永遠有關於最新流行飲食法的報導，科學研究人員也一直試圖釐清，我們到底該不該吃更多碳水化合物或脂肪。現代人為了生存，不再需要既廣且深的知識或需要用功磨練的技能，由於現代化的便利設施和社會運作方式，我們和老祖先相比，無論是身體或是心靈上都已經變得有點軟弱。畢竟，在要什麼只需滑滑手機就能到手的情況下，何必那麼麻煩花費心力去學習某種技能呢？我們不再需要追蹤、獵捕野鹿做食物，或學習哪些植物可能會毒死自己，大可依賴附近的超級市場，或上網訂購任何我們想要的東西，而且很放心放入口中的食物絕不會致命。

　　毫無疑問地，我們的現代生活依賴的是科技，至於祖先們為了生存必須苦練精通的製作東西的技能，我們的笨拙程度恐怕會讓他們大翻白眼。我完全承認，我對於居家 DIY、電器和管線的知識真的是一知半解——不過我會換燈泡，也自己油漆過好幾個房間，而且多虧了童年冬季滑雪營的

方位辨認課，我會看地圖。我還繼承了家族的偏好，喜歡把家裡刷洗到乾淨無瑕，這點倒是應和了北歐人常說的，我們是潔癖怪咖。

這些無疑都是很實用的技能，但更重要的是，這些技能若應用在hygge 生活上，也會增加生活的滿足感。我喜歡自己有能力處理一些簡單的事務，不必雇用外人來完成，對我來說，品質好的生活需要一些基本的技能，這樣我才能生活在自給自足的狀態，碰到問題自己就能迅速搞定，不必找臨時工人。這才是長期、可持續的生活策略。至少，這代表我擁有一個有 hygge 生活精神的家。

所以北歐式生活最核心的要素之一，就是要懂得如何做一些實用的事，例如該怎麼劈木柴、搭出像樣的火堆、油漆房間，甚至是召集一群朋友建造一間小木屋，或製作一件家具、織一條圍巾……就是那些如果換了一個時代，我們想在冬天好好活下去的話，就必須學會做的事。近來像是《挪威之木：斯堪地那維亞的劈砍、架疊和乾燥木柴妙方》、《以樹造物的男人》，甚至是有關編織的作品，都成為空前的暢銷書，證明了我們的社會對於追求簡單有一種莫大渴望，讓我們想自己動手製作東西，並與自然環境再度產生連結——也就是利用創造的能量去產生正面的效應。

從製作東西中所得到的樂趣，讓我們這些已經長大、而且其實不需要那些東西的成人蠢蠢欲動。在學校拿到好成績，找到一份可以持續的工作，當然都是好事，但在經濟不穩定的年代，我們的父母及祖父母那一輩所期望和辛苦工作所追求的「鐵飯碗」文化，開始出現了重大轉變，這代表新一代的人會轉而追求一些更簡單，但卻有意義和價值的東西。我們多數人以物質來說並不算富有，但以追求生活品質的觀點來看，自給自足其實就是我們最大的財富。

回歸初始

在整個北歐地區,許多人仍選擇在夏季時到野外採摘莓果和可食的植物,以及在短暫的秋季裡品嚐野生蕈菇,這顯然並非出於需要,但北歐人對野摘食物的熱愛程度,已經讓許多人視野摘食物為新北歐風飲食的同義詞了。只是在描述有關我們食物文化時,往往很少提到這其實有賴於我們「自力更生」的傳統文化;相較於技術精進的現代人,這裡的飲食文化其實與數千年前採集、狩獵的老祖先反而有更多共通點,而且重點是,野摘很好玩。我們到戶外去,採點莓果、摘些野花帶回家,順便也能伸展一下腿,這可以算是一種溫和的健身活動,還附帶免費的贈品!

很多人以為所有挪威人一到夏天和秋天都要去野摘,但事實完全不是如此。我們當然不可能全靠野摘食物存活,畢竟大自然裡哪有這麼多野莓野菇可以餵飽每一個人,所以就像保持運動需要做出妥協一樣,我們也會到超級市場去買大部分的食物。就像前一章中提到的,很多人還是會去打獵和釣魚,那些活動仍是一種重要的北歐生活方式,但在野外獲得的食物,只是用來補充從店裡買來的食物。

近年來,結合北歐傳統的烹飪方式在北歐各地新生代主廚引領下,又重新復活起來,包括像是如何做鹽漬鱈魚、醃泡水果和蔬菜、烘焙麵包、發酵奶製品、醃鮭魚、製作莓果甜酒,以及當然少不了的發酵酒精。這在北美、英國、歐陸的美食愛好者與廚師之間,也引起一波關注傳統醃製技藝的新風潮:人們發現,這些由來已久的技術,不僅帶來新的風味和質感,而且開始有大量的相關研究,想了解這些醃製和加工保存的食物何以對人類的健康產生助益。此外,所有曾經自製過優格、烤過麵包或培養過紅茶菌菌種的人都會告訴你:這會帶來莫大的滿足感。

綜觀整個歷史,過去各個社會和地區的人類在適應當地環境後,總

能發揮奇思妙想，藉由種種保存方法，讓珍貴的食材放過漫長的冬天和炎熱的夏天，因此才能攝取到營養的食物，安然存活。多虧了那些巧思，人類存活了下來……我們辦到了！不過，我說這些當然不是要將那些舊時代過度浪漫化，因為人類的歷史在大部分時候，生活都很艱困，我們的祖先大多活不過三十歲。就算到了現在，這世界上還是有許多人生活得很艱難。我們對科學、牙醫、疫苗等等真的要心存感激，但我同時也堅信，發揮北歐人自給自足的精神，在完成高等教育後仍試著學一些新技能，對我們的生活會有激勵向上的作用，這也是北歐 hygge 生活在蛋糕、蠟燭、美麗家飾等等樂趣之外不可忽視的益處。

雖然我的儲物櫃裡堆著多到快滿出來的實用食材，像是泡菜、鯖魚乾、酵母脆麵包乾，足夠我在沒有電力的狀況下度過好幾天，但要是我們突然間身陷緊急狀況，或者沒辦法在電爐上做飯，這樣的儲量恐怕還是無法撐過幾個星期。早期人類對於周遭環境的知識，恐怕很少人敢大言不慚地宣稱自己也有，因為我們沒有把那些全都搞懂的需要。

所以，在北歐自給自足的精神中，到底哪些真正實用的生活技能，是能讓所有人都從中獲益？經過多番思索，我決定進行一次迷你民調，詢問了同事和朋友，要他們列出五種大家都應該要會的重要的生活技能，結果財務管理和如何節省開支，一如所料地出現在清單上，在這個經濟不穩定的時代，這的確是聰明的建議。再來是看地圖的能力，這點符合了哈拉瑞的觀察，因為現代人熟悉周遭環境的能力變得比較弱，而且智慧型手機上都有地圖，我們很依賴這種導航功能，因此也漸漸喪失觀察地標和其他外在線索來辨別方向的能力。

同理心、耐心、傾聽、良性溝通、學習及練習延遲享樂，在這個任何事只需要在數位裝置上滑滑點點就能辦到的網路時代，這些技能的確是合理的選項。對於其他文化的尊重，關於這點我想補充：多學一種語言非常重要。也有一些人提到了解健身和健康，證實前面提到的，學習從戶外

活動和運動中得到樂趣,對高品質的生活至關緊要。除此之外,我認為多了解人體如何運作、生物組織學(細胞如何運作)的知識,也能讓你不易受那些自稱健康大師的人所誘惑,抵抗那些江湖術士的偽科學。

其他還有一些簡單的工作,像是縫鈕釦、修漏水馬桶、維持居家清潔、整理日常家務(又不要佔據太多時間)、正確的洗衣方法和終身學習等等,這些建議全都符合本章的主旨。另外也有人提出一些看來不甚重要,但對人類繁衍相當實用的技能,包括:如何調情、如何跳舞、如何幫人背部按摩等等,我還滿有自信心能夠做得到,所以看來喬韓森家族的DNA滿有機會存活到下一代。

我在食品產業工作將近十年,當然堅決主張烹飪絕對是一種能讓所有人都受益的生活技能,這個技能對於人類繁衍也有莫大助益——愛他就是做飯給他吃。事實上,哈佛大學生物人類學家理查·藍翰在其著作《生火:烹飪造就人類》中就提到,掌握用火烹飪的技藝是人類演化最關鍵的一步,讓我們從食物中攝取到更多能量,不必像其他動物一樣花整天的時間咀嚼反芻植物,而釋放出的多餘能量,讓我們的大腦得以發展,所以烹飪真的是一種現代生活的必備技能。

事實上,麥可·波倫在作品《烹》裡,就探討了我們將老祖先擁有的這項技能外包出去,所引起的巨大影響;就像 GPS 和智慧型手機導致我們失去利用直覺和常識來定位的能力,我認為依賴速成和垃圾食物是已發展國家在食物文化上所遭遇的最大問題。所以奪回控制權吧,學習在週間烹飪幾道營養的菜餚,不只有助於你的收支平衡,更重要的是你確實知道自己吃下了什麼食物(期間當然可以買些外食或上餐館,不用執著餐餐自己煮)。是人都必須進食,從無到有做出一道菜的喜悅和滿足,和學習不依賴他人自己親手完成一件事的技能,本身就是一種充滿力量的行為。

如何擁有廚師的思維

「沒有誰是天生的好廚子，大家都是從實作中學習。」

——茱莉亞·柴爾德

　　吃很簡單，但烹飪就像科學加上煉金術，因此感覺格外刺激，至於曾在電視上看過烹飪比賽節目的人，或許對此還會有種畏懼感。在多年來指導烹飪課程的經驗裡，我很早就注意到一種模式，那些在廚房裡比較自在、有信心的人，多半曾經和某個家人、朋友或伴侶學習過一些烹飪技巧。觀看別人做菜，然後藉由練習來吸收他們的知識，是一種很寶貴的經驗，我必須坦白地說，光是閱讀食譜（即使是一本很棒的食譜）很難達到同樣的效果。

　　我是看我祖母做菜才學會傳統挪威料理，因為她沒有記下來的習慣，她所有的烹飪知識都來自她的母親，除了烘焙時，她會拿出一些字跡潦草的筆記，其他所有的烹飪知識都鎖在她的記憶裡。所以，我知道小荳蔻麵團應該是什麼感覺，而很多烘焙新手在第一次烤長條麵包或小圓麵包時，經常抓不到這個要領。曾有某位烘焙師傅形容完美的麵包麵團觸感應該像女人的乳房，也有大師覺得麵包應該具有「小嬰兒屁股般柔軟、有彈性的質感」，我個人更偏向後者。

　　無論如何，如果你想簡化自己的生活，卻不知在廚房裡該從何著手，那麼我會告訴你如何擁有廚師的思維。我在家人身上學到的是，你不需要富有也能吃得很好，以及食物是可以美味和營養兼備的，對我們喬韓森家族來說，真實的 hygge 生活就在於廚房中自給自足的單純樂趣……

踏入北歐 hygge 廚房的二十個步驟

　　1.掌握大自然獨特的超級食物——蛋的各種烹調方法，至少要五種，例如帶殼嫩水煮蛋（關鍵字是「嫩」）、奶油炒蛋、水波蛋、煎蛋或做成蛋捲，都是很好的入門選擇。無論早餐、早午餐、午餐，或是午後點心和晚餐，蛋都是最佳食材。

　　如果你有辦法做出鬆煎鱈魚蛋、西班牙馬鈴薯烘蛋、撫慰人心的香草舒芙蕾、酥脆的蛋白糖霜脆餅和法式半熟蒸蛋盅，當然是大大加分，不過沒這麼厲害也無所謂。

　　2.烹調過程中，要不斷試吃和調味。許多人會嚴格遵循食譜上鹽和胡椒的份量，但其實每個人對鹹淡和辛香料的耐受程度都不一樣，像我喜歡調味重一點的食物，你卻未必喜歡。無論如何，海鹽只要掛酌適量都沒問題，別管那些提倡無鹽飲食的健康法西斯份子了，清淡食物根本是浪費時間和能量，只要一點點海鹽，就能將一道餐點從「還好」大幅提升到「美味」。

　　3.麵包：麵包是我們的主食，而與某人「分享麵包」，代表著彼此間親暱的關係，這些都在在說明了麵包的重要性。花點時間，做一塊簡單的麵包吧。你只需要優質麵粉、水、鹽、酵母（如果你決定自己製作老麵，就不必放酵母），外加一點耐心就成了。

　　4.靠著你的自製麵包，或廚房裡任何現有的麵包，就可以讓簡單的三明治變得不平凡，而本書提供的沙拉食譜只要稍加變化，就能搖身一變做出北歐風的開口三明治〔譯註〕。我們也有一點迷戀奶油，丹麥對於麵包片應該要塗多少奶油才算美味，有種專門的說法叫「tandsmør」，意思是

奶油要厚到足以在上面留下牙印才行。如何製作一份完美三明治可是一門藝術，這項技巧一直以來都被嚴重低估了。

5. 燉煮一個月用量的雞高湯，作法也不必太複雜：你只需要準備一些雞骨架（你可以利用吃剩的烤雞，或用極低廉的價格在雞肉攤買到），和一只能容納所有材料並且讓水淹過雞骨的大深鍋，就這麼簡單！加一些辛香料，像是胡椒粒、大蒜、薑、月桂葉、成束的巴西利、茴香莖、胡蘿蔔、洋蔥等等，什麼都可以，一鍋好的自製雞高湯最重要的還是骨頭本身。

讓湯微滾個幾小時，然後濾掉骨頭，讓湯濃縮成帶有膠質感的濃度（通常是從濃縮步驟開始算起，收成原湯約三分之一的量），若要加強高湯的風味和濃度，我最喜歡的作法是加進一堆帶皮的烤雞翅，這樣可以讓味道變濃厚，熬出來的高湯更是膠質滿滿，而且邊熬還能邊啃雞翅。然後將自製雞高湯放進製冰盒裡，這樣你就隨時都有冰凍雞湯塊可用了；若要準備素高湯，可以用你最喜歡的蔬菜（可以用來增色的連皮洋蔥、胡蘿蔔、茴香、韭蔥、大蒜、巴西利莖等等）來熬，並且加入昆布來增加鮮味。雞高湯的鮮味來自雞骨，但素高湯要提鮮就得靠昆布了，所以昆布這個材料非常關鍵。

6. 燉肉、番茄肉醬或辣豆醬可以一次煮非常大量，然後分裝成單次的用量冰凍起來。大量分裝烹飪法，是所有人的救命繩索，在你又冷又累，又不想將就高價的外帶食物或現成餐盒時，這簡直是天上掉下來的禮

譯註：食材鋪在單片麵包上，不再用麵包夾住，多半用刀叉享用，較不適合隨身攜帶。

物。我喜歡知道自己吃到肚子裡的是什麼,所以一些基本的食物我選擇不用買的,而且這些菜色基本上只要完成所有準備工作再煮起來就行了,所以一次做十二人份和做四份其實費的工差不多,你還可以利用這些菜作為製作派的基底,或者做成捲餅,或變成任何你想得到的料理。

————

「保持簡單,不需要過於複雜的烹調。」

∞ 如果你不喜歡烘焙,那有什麼關係?只要有莓果,就能做出一道簡單的甜點。

7. 洋蔥需要的烹煮時間永遠比食譜上寫的要久，要炒軟又不炒焦更需要嚴格控制時間，我避免炒焦的訣竅是，在鍋裡加一小撮鹽，然後全程用小火炒。如果你想加快洋蔥焦糖化的速度，可以加一撮小蘇打，然後用中火炒。

8. 學會片魚、處理生肉，掌握哪個部位的肉適合烹煮什麼的基本知識，而第一條守則是：想辦法認識你家附近的魚販和肉販，多多向他們提問。以肉類來說，脊肉（fillet）是全身上下最嫩的部位，但味道卻最淡薄，所以何必把錢浪費在那上面？比較便宜部位的肉，雖然烹煮起來比較花心思，時間也需要比較久，但卻很值得，因為不論是風味與口感都好得多。

9. 音樂是煮菜的良伴，邊煮邊來支即興廚房迪斯可還滿不錯的，但要小心別把菜刀掉到腳邊了（我就幹過這種事）。我有好幾次差點因此跌跤，還因為跳得太開心燒掉過一兩條抹布，所以我只能說：跳舞可以，但要節制……

10. 練習做一道最喜歡的甜點，至少三次，直到可以完全熟練掌握。對一個廚師來說，擁有一道零失誤、只要端出場就大獲好評的甜點，是一件傲人的成就，舉例來說，我最不會出錯的甜點之一就是第 89 頁的杏仁接骨木花蛋糕。附帶一提，如果你考慮用地瓜、酪梨、奇亞籽或任何類似的「純淨」食物來做甜點的話，那你可能有點搞錯 hygge 生活的重點了，我們追求的是享受美味的食物，不是去煩惱哪些食物比較健康。

11. 如果你真的很討厭烘焙，根本完全不想碰，那也沒關係，用莓果

來代替絕不會出錯，只要淋點檸檬汁或撒點糖，或者淋點白蘭地、干邑甜酒和柳橙汁再點火燒一下，做成酒香莓果甜點。大家都愛雪酪或冰淇淋，所以拿來和莓果組合一下，也絕對受歡迎。保持簡單就好，不需要過度複雜的烹調——所以就算你不愛烘焙，那有什麼關係？

12. 所有傳統的食物文化，都依賴加工保存和發酵來讓珍貴的食物免於腐敗。現代科學也逐漸證實，這些食物對健康有各種好處，所以如果你很有冒險精神，不妨試試看自己做些發酵食物。

13. 加了奶油，任何食物都美味升級。

14. 在週間時間有限的情況下，靠著完備的食物庫存，就能快速完成隨興的料理。

我的冰箱和食物儲藏櫃裡必備的材料有：
∞ 海鹽
∞ 黑、白胡椒
∞ 蜂蜜
∞ 蛋
∞ 大蒜
∞ 乾燥及罐裝蔬菜
∞ 動物性油脂，例如雞油、伊比利豬油，當然還有必不可少的奶油。
∞ 幾種淋撒在菜餚上的油，像是橄欖油或堅果油。
∞ 各種西班牙米和亞洲米
∞ 義大利麵

∞ 原味或希臘優格

∞ 幾種最喜愛的香料

∞ 酵母脆麵包乾

∞ 燕麥和自製麥片

　　我的冷凍庫裡，永遠存放著各種冷凍莓果、一袋豌豆、一條切片麵包、自製冷凍果醬、雞高湯，還有以單次份量儲存的番茄肉醬、燉菜或辣豆醬，另外我也會每週重新補充各種新鮮的水果、蔬菜、牛奶和其他較易腐壞的食品。由於我們喬韓森家熱愛烘焙，所以我的烘焙材料也存了不少，但其實你只需要一些好麵粉、蛋、奶油或植物油、自己喜歡的堅果、香料、香草精、可可粉、烘焙用黑巧克力，和乾酵母粉之類的膨發劑；如果買得到新鮮酵母的話，也很好。

　　15. 如果你真的很想讓你的料理更上一層樓，就常備一些富含鮮味的食材，它們能替原本平淡的菜餚增添爆炸性的風味。下面是好廚子的冰箱裡隨時都要有，以備不時之需的食材：

∞ 醃鰻魚（如果你想要北歐風味的，Abba 牌是最好的選擇。西班牙和義大利產的品質也很好。）

∞ 醬油

∞ 辣醬

∞ 帕馬森起司

∞ 番茄、橄欖、酸豆、小黃瓜、洋蔥罐頭

∞ 醃泡蔬菜，像是德國酸菜或韓國泡菜

∞ 海鮮——少了醃魚，就稱不上是北歐食物櫃了，選擇有鯡魚、鯖魚、鮭魚、鱒魚和甲殼類。

∞ 乾香菇

∞ 馬鈴薯——淡味和甜味的品種都要

∞ 海藻

∞ 各種肉類

16. 請在食物儲藏櫃裡常備一些醋吧，包括一瓶最便宜的基本款，用來清潔或消毒。鍋子在煮過魚、辛辣的燉菜、蒜味的菜餚後，總會殘留一點怪味，用稀釋過的醋洗一下，任何臭味都會消失不見。醋也可以讓玻璃製品特別閃亮，而醋加一點小蘇打粉，還能去除茶壺的水垢。

17. 我們吃東西時，也會用到眼睛和其他感官，希望食物看起來漂亮的廚師，擺盤一定是三、五、七等奇數，充足的照明也會讓食物看起來更吸引人，餐具要盡量簡單，不要有繁複的圖案，以免分散了對食物的注意力。再平凡的菜色，加上一點色彩繽紛的醬汁和新鮮香草或泡菜，看起來都會神氣許多。

18. 報酬遞減法則也適用在所有菜餚上：一道美味的甜點，頭先一兩口總是最好吃的，但如果盤子裡不管什麼東西都份量驚人，等於降低了品嘗食物的愉悅感，只是把人塞得飽飽的，導致消化不良而已。小小一口的美食，絕對比滿滿堆得比人臉還高的食物來得強，大餐後花好幾個小時才消化，可是一點都不 hygge 生活……

19. 購買食物前一定要先列清單，而且如果你想省錢，最好將辛苦賺來的錢優先花在優質蛋白質上，像是蛋、醃漬加工的魚類，以及提供能量的蔬菜和豆類，再選兩三種不同顏色的時蔬和水果，這樣就能達到美味和

營養兼顧了。燕麥是便宜又正確的主食選擇。你不需要花大錢，也能吃得好，過得好。

20. 對於廚師來說，最棒的禮物（除了餵飽你的朋友和所愛的人之外）是得以將自己的技能傳給下一代，或者教給那些沒機會可以學習烹飪的人。如果你有時間和意願，就讓孩子接近廚房吧，這可是一種 hygge 的大方舉動——他們會愛上在廚房裡消磨時間，看著魔法般神祕的烹煮過程，當然還有享受自己勞動之後的成品。烹飪是一種關懷，也包括與他們分享你的知識。

所有基礎的概念都在這裡了，希望接下來幾章介紹的北歐食物和飲料，能帶給你更多的啟發……

Chapter 4

咖啡小憩
之樂

咖啡小憩

在一年到頭忙碌的工作中，如果無法抽空和同事、朋友以及所愛的人聚在一起喝杯咖啡，享用甜點，那所有的辛勤努力又有什麼意義呢？這就是瑞典傳統「fika」（咖啡小憩）的精神，類似德國人所謂的「Kaffee und Kuchen」（咖啡與蛋糕時間）。

我們熱愛碳水化合物，尤其在漫長的冬天，咬下一口新鮮出爐的小荳蔻麵包捲，那種滿足感真是無敵棒。但所謂好的糕點，甜味只是特色之一，還要和其他關鍵的材料，例如穀物、杏仁、香料和當季水果，全都和諧地搭配才對。

對我們來說，重點是去享受這些日常小小放縱所帶來的快樂。如同《必咖 fika：享受瑞典式慢時光》一書中所寫的：問一句「Ska vi fika?」（要來個咖啡小憩嗎？）代表的不只是吃蛋糕、喝咖啡而已，而是要慢下腳步，重新自我調整。「咖啡小憩的時間，其他任何事都要等一等。」

在瑞典，很多公司裡的員工每天都會聚在一起，享受一段咖啡小憩的時光。這正是所謂的「集體充電」，有研究顯示，這種文化對於公司績效（快樂的員工才會是好員工）和社會連結，都有相當大的好處。咖啡小憩是典型的範例，說明了什麼是北歐式的平衡生活哲學：工作有效率、盡可能活動、吃你喜歡的食物、把握上班短暫休息時的歡樂時光，這也正是 hygge 生活的精髓。

本章裡提供的這些食譜適合各類的人，有些準備起來很容易，也有一些就需要耐性。另外，我還收錄了好幾款巧克力甜點的食譜，請在經濟狀況容許下盡量選購品質最好的可可粉和巧克力——烤出的成品會大不相同。

小荳蔻麵包捲

（份量）**25~30 個麵包捲**

麵團
- 思佩耳特小麥（spelt）精緻麵粉 1 公斤
- 新鮮酵母 50 克
- 細黃砂糖 150 克
- 全脂牛奶 550ml
- 奶油 100 克
- 海鹽 1 又 1/2 茶匙
- 現磨小荳蔻 1 湯匙（或更多）
- 中型雞蛋 2 個，留一些做刷蛋液用
- 植物油少許，攪拌盆上油用

餡料
- 軟奶油 150 克
- 細砂糖 150 克〔如果你喜歡香味重一些，也可以用一半的淡色黑糖（light brown muscovado sugar）來取代〕
- 現磨小荳蔻 2 茶匙
- 香草精 1 茶匙

裝飾（非必要）
- 杏仁片
- 瑞典珍珠糖粒或粗砂糖

典型的北歐香料麵包捲，幾乎可算是我們傳統烘焙的代表物。多年來，我烘烤過各式各樣的香料麵包捲，但都萬變不離本宗地出自這個食譜，關鍵在於，在含大量酵母的麵團中加入磨碎的小荳蔻。這和所有瑪芬、蛋糕或果仁蛋糕（torte）食譜都一定都會加香草一樣的道理，既然加了能大大地提升風味，為什麼不加？

將麵粉過篩到一個大攪拌盆裡。新鮮酵母弄細碎後，均勻混入麵粉中，再加入糖，充分攪拌。

接著，將牛奶、奶油、鹽和小荳蔻加熱至滾燙，然後放涼，讓牛奶降溫到 50°C 以下，這個步驟一定要有耐心，因為超過 50°C 的話酵母會被殺死。如果趕時間，可以將牛奶用兩個鍋子來回倒個幾次，便能加快冷卻的速度。

將牛奶混合液倒入麵粉混合物中，加入蛋，再用一根大湯匙充分攪拌幾分鐘，讓混料大致呈現麵團的樣子。

用麵團刮刀將所有麵團刮到乾淨的操作台上。揉麵約 10~15 分鐘，直

到麵團表面光滑，輕壓後會彈回為止。在原先的攪拌盆中上一層薄薄的油，將揉好的麵團放回，蓋上一層濕布。將攪拌盆放在通風的碗櫥或溫暖的房間裡，直到麵團膨脹到原有體積的兩倍大。

在發麵的同時，將烤箱預熱到 220°C ／烤箱溫度指數 7，並準備好烤盤（一批烤完後可再重複使用）。將麵團放在乾淨的工作台上，用擀麵棍（或用手也可以，雖然沒那麼優雅，但效果同樣好），將麵團擀成一個大大的長方形麵皮，不用特別去量，只要稍微目測一下，讓厚度保持在一公分左右即可。

將餡料的所有材料放進一個碗中混合，平均塗抹在長方形麵皮的上半部，然後將下半部的麵皮往上折，看起來像一本不太平整的書，再用鋒利的刀將麵團平均切片，依厚薄不同，應該可以切出 25 到 30 份。一片片分開後，握住其中一端扭成油條狀即可，然後用拇指將麵片捲疊成一個小圓包（就算捲得很醜，味道還是一樣棒，不必在這些小圓包的外觀形狀上太龜毛）。

將第一批麵包捲放到烤盤上，表面刷上蛋液，捲和捲之間請千萬不要靠得太近，因為到時還會延展開來。你可以在麵包捲上撒些杏仁片、瑞典珍珠糖粒或粗砂糖作為裝飾，或者什麼都不加也行，然後靜置幾分鐘，讓麵團發酵一下。

等第一批小荳蔻麵包捲可以準備送進烤箱時——麵團要發到輕戳後不會彈回來的程度，否則就應該要再發久一點——在烤箱裡噴一些水，將烤盤迅速放入烤箱上層，以 220°C ／烤箱溫度指數 7 先烤五分鐘，讓麵包捲稍微烤膨，然後將溫度降到 190°C ／烤箱溫度指數 5，再續烤五到十分鐘，直到烤好為止。烤好的麵包捲應該是金黃色的，輕敲聽起來是中空的。

將麵包捲移出烤箱，放在鐵架上，如果烤盤上有殘留的小荳蔻奶油漿，你可以擦掉、大口吃掉，或趁熱淋回麵包捲上增添風味。重複同樣的

步驟將麵包捲分批烤完，（稍微）放涼後就可大快朵頤了。

☆ 隨興變化：

　　除了小荳蔻外，何妨試試帶有節慶風味的麵包捲？你可以將餡料中的小荳蔻換成等量的北歐薑餅和聖誕薑餅的香料，或經典綜合香料，甚至是自己調配的香料。通常我使用肉桂、小荳蔻和肉荳蔻時會比較大膽，碰到薑、丁香和黑胡椒就會謹慎一些，不過這都隨個人喜好而定。

　　如果你偏好味道溫和一點的奶油餡料，可以用香味襲人的香草精取代小荳蔻。你也可以在奶油餡料裡加一把杏仁粉，外加一點杏仁膏，讓成品充滿濃郁的杏仁香，最後別忘了在麵包捲上放些杏仁片。

大黃柳橙瑪芬

（份量）**12 個瑪芬**

- 大黃 200 克（約 3 根），切成 5 公分的小段
- 未上蠟的柳橙 2 顆
- 思佩耳特小麥精緻麵粉（或中筋麵粉）250 克
- 杏仁粉 75 克
- 細黃砂糖 185 克，另備少許用來糖漬大黃
- 泡打粉 1 又 1/2 茶匙
- 小蘇打粉 1/8 茶匙
- 細海鹽 1/4 茶匙
- 希臘優格 150 克
- 奶油 100 克，融化備用
- 蛋 3 顆，稍微打散
- 香草精 1 茶匙
- 紅絲帶或黃絲帶版的香橙干邑甜酒（Ribbon Grand Marnier）（非必要）

　　我曾祖母的農場有一塊大黃田，長得特別茂盛，長長的粉紅色大黃莖拿來烘焙、醃泡，或做成烤肉的配菜，總是大受歡迎。大黃搭柳橙，這樣的組合之所以經典是有原因的：這兩者剛好是完美的互補。

　　烤箱預熱至 180°C ／烤箱溫度指數 4，準備一個十二格的瑪芬烤模，並放入蛋糕紙模。烤箱下層放一個淺烤盤，裡面盛水。

　　將大黃放進碗中，加進一顆柳橙的皮屑和果汁、一或兩湯匙的細黃砂糖，如果你喜歡甜一點，也可以多放，之後攪拌，讓大黃表面均勻裹上橙汁。

　　將所有乾料過篩進另一個碗中，徹底攪拌，讓膨發劑可以均勻分布，再將另一個柳橙的皮屑也拌入。在混合好的乾料中央挖一個洞，倒入所有濕料，如果你

要加香橙干邑甜酒，也可以趁此時加入少許。

用畫 8 字的方式攪拌麵糊，碗邊的乾粉要確實刮下拌進去。大約攪拌十多下後，加進大黃，浸泡的果汁也可以加一些進去，以增添風味（你也可以留著刷亮用，說明請見底下的「隨興變化」）。

將大黃徹底拌勻後，用一根大湯匙或冰淇淋挖勺，將麵糊分舀到蛋糕紙模裡，再放進烤箱中層，烤約 20 分鐘，直到瑪芬膨脹呈金黃色，輕壓感覺很紮實為止。最後將瑪芬移出烤箱，放在鐵架上放涼。

☆ 隨興變化：

血橙上市時，不妨可以試試看，深色的果汁刷在蛋糕表面效果很美：將果汁混合冰糖後，趁瑪芬還溫熱時刷在表面。

酸櫻桃花型蛋糕

 份量 **10~12 個**

· 酸櫻桃乾 100 克
· 酒泡櫻桃 100 克（或去核的新鮮櫻桃）
· 希琳櫻桃香甜酒（Cherry Heering）〔譯註〕
· 思佩耳特小麥精緻麵粉（或中筋麵粉）225g，另備少許撒烤模用
· 杏仁粉 50 克
· 泡打粉 1 又 1/2 茶匙
· 細海鹽 1/4 茶匙
· 奶油 225 克，放置室溫備用，另備少許用來抹蛋糕烤模
· 細黃砂糖 225 克
· 中型雞蛋 3 顆
· 香草精 1/2 茶匙
· 白脫牛奶 150ml
· 細糖粉 150 克，蛋糕表面刷亮用（非必要）

這種漩渦狀的新式烤模，拿來烤傳統的花型蛋糕，感覺很有趣。這裡提供的是我的私人食譜，它總會讓我懷念起在祖父母的農場採多汁酸櫻桃的夏日時光。酸櫻桃的香味比黑櫻桃濃，不過比較難買，所以也可以用黑櫻桃來代替，同樣很美味。酸櫻桃乾泡開後，也適用於這款蛋糕。

烤箱預熱至 170°C ／烤箱溫度指數 3，準備一個 2.4 公升，26×9.5 公分大小的花型蛋糕烤模〔我用的是諾迪威（Nordic Ware）的〕，抹上奶油，撒薄薄一層麵粉。

將酸櫻桃乾和酒泡櫻桃放到碗中，用希琳櫻桃香甜酒浸著。將所有乾料（從麵粉到細海鹽）過篩放入另一個碗中，充分攪拌，讓膨發劑均勻分布。

在攪拌盆中，將奶油和黃砂糖一起攪打到呈蓬鬆的白色，大約要 5 到 8 分鐘，然後加進一顆蛋和一湯匙拌好的麵粉，攪打到雞蛋完全融合，

譯註：著名的丹麥櫻桃甜酒品牌

剩下的兩顆蛋，也重複同樣的步驟。接著加入剩餘的乾粉，然後慢慢調入香草精和白脫牛奶，攪拌至麵糊光滑均勻。

將櫻桃瀝乾（櫻桃香甜酒留作上光用，或拿來調些雞尾酒），輕輕地拌入蛋糕麵糊裡，將麵糊舀進準備好的烤模中，放進已預熱的烤箱烤約35~40分鐘，拿烤肉串叉插進蛋糕中央，拔出時不會沾黏即可。烤好的蛋糕頂應呈現金黃色，輕壓感覺有彈性，有一點點紮實，且蛋糕體會稍微和烤模分離。把烤模放在鐵架上放涼約20分鐘後，再將蛋糕倒出放在鐵架上徹底降溫。

如果你想幫蛋糕刷亮，只需將細糖粉放在碗中，加一湯匙剛剛留下來的希琳櫻桃香甜酒（或其他牌子的櫻桃甜酒），攪拌呈濃稠狀，就可刷在蛋糕上，讓你的蛋糕閃閃發亮了。

☆ 隨興變化：

你可以在麵糊中加藍莓、覆盆子或切碎的大黃，來取代櫻桃。如果麵糊裡加兩顆檸檬的皮屑，把櫻桃換成罌粟籽，烤出來就是檸檬罌粟籽花型蛋糕。你可以混合150克的細糖粉、一顆檸檬的皮屑和1/2顆（或更多）小型檸檬的汁，就能調出香味強烈的檸檬糖汁，塗在蛋糕表面刷亮。

黑巧克力瑪芬

（份量） **12 個瑪芬**

- 思佩耳特小麥精緻麵粉（或中筋麵粉）150 克
- 杏仁粉 100 克
- 淡色黑糖 200 克（或隨個人喜好混合部分細黃砂糖）
- 泡打粉 1 又 1/2 茶匙
- 細海鹽 1/4 茶匙
- 小蘇打粉 1/8 茶匙
- 中型雞蛋 3 顆
- 希臘優格 150ml
- 奶油 150 克，融化備用
- 香草精 1 茶匙
- 優質可可粉 60 克
- 濃縮咖啡或濾泡濃咖啡 1 小杯（約 30 cc）
- 黑巧克力豆 150 克（或拿巧克力片切碎也可）

我可以寫一整本全是瑪芬的書。它們準備起來很容易、花樣繁多又美味可口，讓你簡單又快速就能享受咖啡小憩。

將烤箱預熱至 180°C ／烤箱溫度指數 4，準備一個十二格的瑪芬烤模。烤箱下層放一個淺烤盤，裡面盛水。

將所有乾料過篩放入攪拌盆，充分攪拌，讓膨發劑均勻分布。

將雞蛋打在另一個碗中，用叉子輕輕攪打，再加入優格、奶油和香草精，充分拌勻。再拿一個碗，將可可粉和咖啡仔細混勻，調成濃稠的膏狀，然後加進蛋液混合物裡，徹底攪拌，最後成為深巧克力色的混合物。

在乾料中央挖一個洞，加入巧克力色蛋液混合物，用畫 8 字的方式攪拌麵糊，碗邊的乾粉要確實刮下拌進去。然後加進黑巧克力豆，

　　稍微攪拌幾下，用一根大湯匙或冰淇淋挖勺，將麵糊分舀到瑪芬烤模裡。

　　將烤模放進烤箱中層，烤約 20 分鐘，直到瑪芬膨脹呈深咖啡色，輕壓感覺很紮實為止。最後將瑪芬移出烤箱，放在鐵架上放涼。

☆ 隨興變化：

　　麵糊裡可以加黑巧克力、牛奶巧克力和白巧克力的混合巧克力豆，或者加一點肉桂或肉荳蔻，為蛋糕糊增添一些香料風味。你還可以用杏仁片或可可碎粒做裝飾，讓瑪芬吃起來多一分脆脆的口感。

【小訣竅】我們北歐人熱愛可可粉，法芙娜（Valrhona）是公認最好的牌子。

焦化奶油、糖、麥芽餅乾

（份量）**30 塊餅乾**

· 無鹽奶油 150 克
· 淡色黑糖 75 克
· 蛋 1 顆
· 思佩耳特小麥精緻麵粉（或精
　細低筋麵粉）150 克
· 思佩耳特小麥發芽全麥麵粉
　（或全麥中筋麵粉）150 克
· 泡打粉 1 茶匙
· 大麥麥芽精 2 湯匙
· 細海鹽 1/2 茶匙

（照片見第 72 頁）

我熱愛所有一切有麥芽的東西，因此忍不住把這個餅乾食譜加進咖啡小憩的點心名單裡。

首先要製作焦化奶油，在篩子上放一張乾淨的廚房紙抹布或咖啡濾紙，架在碗上，然後用一個小醬汁鍋融化 75 克的奶油，奶油會開始起泡，並出現分離的狀況。這個階段要非常小心，因為奶油會很快從帶堅果香的美味狀態變得焦苦，所以要不斷注意奶油的變化，重點在於聞起來應該帶著堅果的香氣，接著就會開始產生焦糖化的牛奶小結塊。等奶油一變咖啡色（不是黑色），就將醬汁鍋離火，把奶油倒在篩子上，濾掉那些褐色的小碎塊，這時可以著手其他材料的準備工作，讓奶油放涼。

將剩餘的奶油加入糖後，攪打五分鐘，直到奶油變白呈蓬鬆狀。加入冷卻的焦化奶油，繼續攪打，接著加入蛋和一湯匙麵粉（兩種麵粉其中任何一種都可以），再次攪打，最後加入剩餘的材料，用一根大湯匙或抹刀

來混合。你可以用手幫忙一起混合，會讓餅乾麵團的整體質地比較均勻。

輕輕將麵團揉至表面光滑後，放到一張保鮮膜上，小心地用保鮮膜包覆住麵團，並將麵團滾成臘腸狀的長條，直徑約 3 公分。將兩端的保鮮膜扭緊，確保麵團被密封住，而且一整條厚度一致，然後放冰箱冷藏幾個小時，或放在冷凍庫裡 30~45 分鐘。麵團放得越冷，烤出來的餅乾會越酥脆。

等你準備好要烤餅乾時，將烤箱預熱至 170°C ／烤箱溫度指數 3，然後準備兩個烤盤，鋪上烘焙紙。將麵團由冰箱或冷凍庫取出，拆掉保鮮膜，用鋒利的刀將麵團切成大小平均的三十片薄片。將薄片放到準備好的烤盤上，注意不要放太擠，因為烘烤時麵團還會延展。

放進烤箱中層烤十五分鐘，直到餅乾表面呈金黃色，摸起來是乾的，在鐵架上放涼後即可食用。

☆ 隨興變化：

肉荳蔻之類的香料，也很適合這道食譜，如果想增加一些質地的變化，不妨在麵團裡加一小把烘烤過的燕麥，或烤過後切碎的堅果；加黑巧克力豆也是很好的選擇。

盛夏杏仁蛋糕，淋檸檬、接骨木花糖汁

(份量) **8~10 人份**

- 中型雞蛋 4 顆，蛋白與蛋黃分開
- 細黃砂糖 200 克
- 杏仁粉 300 克
- 奶油 100 克，融化備用。另備少許抹蛋糕烤模
- 未上蠟檸檬 1 顆，取皮屑
- 香草精 1 茶匙
- 鹽 1/4 茶匙

表層淋醬
- 細糖粉 150 克
- 接骨木花露
- 未上蠟檸檬 1 顆，取皮屑和檸檬汁

裝飾
- 食用花（如果能找到新鮮的接骨木花更好）
- 當季莓果

這款蛋糕搭一點鮮奶油和幾顆當季莓果一起吃，再美味不過。此外，它也特別適合搭配清新的斯堪地那維亞夏日潘趣酒（見第 178 頁）。

將烤箱預熱至 170°C ／烤箱溫度指數 3，準備一個直徑 23 公分的圓形蛋糕烤模，稍微抹油後，鋪上烘焙紙。

蛋黃和糖放到攪拌盆中一起攪打，直到顏色變淡，呈乳霜狀；加入剩餘的材料，用一根大湯匙拌至均勻濃稠，然後另取一個攪拌盆，將蛋白打至乾性發泡〔譯註〕。拿一根大金屬湯匙，挖一匙蛋白加到杏仁混合物中拌開，然後將剩餘的蛋白全部倒入混合。注意不要過度攪拌，最後混料應呈現慕斯狀。

將混料小心舀到烤模中，放進

譯註：又稱硬性發泡，指將蛋白打發到打蛋器舉起後，蛋白泡沫尖挺、不塌陷的狀態。

烤箱中層，烤約 30~35 分鐘，直到蛋糕膨脹，表面呈金黃色，輕壓感覺紮實為止。將蛋糕移出烤箱，在鐵架上放涼幾分鐘後，才將蛋糕倒出，徹底冷卻。

冷卻的同時，可以預備刷亮用的淋醬：將細糖粉放進碗中，加一匙接骨木花露、少許檸檬皮屑和檸檬汁攪拌，然後將黏稠的糖汁緩緩淋在蛋糕上，接著點綴上幾朵食用花完成裝飾。

☆ 隨興變化：

你可以用一茶匙綜合香料（或者自行混合磨碎的肉桂、小荳蔻、肉荳蔻和丁香——丁香要酌量放，因為藥味十分強烈）來代替檸檬皮屑，就成了香料杏仁蛋糕。喜歡帶點酒香的人，可以在淋醬裡摻一些威士忌、蘭姆酒或任何喜愛的烈酒。

小荳蔻甜甜圈佐橙花蜜

(份量) **15~20 個甜甜圈**

步驟 1
· 高筋白麵粉 150 克
· 新鮮酵母 20 克（或乾酵母 10 克）
· 水 150ml

步驟 2
· 全脂牛奶 150ml
· 現磨小荳蔻 2 茶匙
· 新鮮酵母 15 克
· 思佩耳特小麥精緻麵粉 350 克
· 高筋白麵粉 200 克
· 細黃砂糖 100 克
· 海鹽 10g
· 蛋黃 6 個

步驟 3
· 奶油 75 克，切成 1 公分的小方丁

最後步驟
· 植物油 1 公升，炸甜甜圈用

盛盤
· 橙花蜜

我們常在舉辦活動時製作這道點心，因為現在很少有人在家裡自己做甜甜圈了，感覺格外特別，每當聽到賓客說這是他們所吃過最細緻的炸甜甜圈，總讓我們喜不自勝。我承認，在家製作甜甜圈的確有點麻煩，但如果你曾好奇這道點心的製作方法，那我建議你務必要試看——這絕對是超讚的咖啡小憩點心。

步驟 1：在碗中混合所有材料，攪打約 5 分鐘，直到呈光滑、流動的糊狀。蓋上碗，放置在溫暖的地方，讓麵糊發約一小時，直到起泡，膨脹至兩倍大。

步驟 2：加熱牛奶和小荳蔻至沸騰，然後放涼讓牛奶降溫到 50°C 以下。這個步驟一定要有耐心，因為超過 50°C 的話酵母會被殺死，如果趕時間，可以將牛奶用兩個鍋子來回倒個幾次，便能加快冷卻的速度。將新鮮酵母掰碎混入麵粉中，然後加進第一個碗裡，同時倒入已

冷卻、帶有小荳蔻香味的牛奶，其餘的材料也在這時加進去。揉合麵團約 10~15 分鐘，直到表面光滑，輕壓後會彈回。此時麵團的質地應該感覺紮實，不會太滑溜或鬆軟（要等加奶油後，才會呈現這種狀態）。

步驟 3：這是整個製作過程中最關鍵的步驟，千萬別太急躁，要將奶油小丁加入麵團中，一次只加一塊，等完全融合後再加下一塊。我知道這聽起來很龜毛，但結果真的會大不同，因為這個步驟如果太急躁，你得到的會是一塊油膩膩的麵團，但我們希望下鍋炸的麵團是光滑、柔軟的。這個步驟費時最多 10 分鐘，然後你便可以休息一下，讓麵團鬆弛個 30~45 分鐘（記得一定要蓋上布，才不會乾掉）。

步驟 4：等你喝完茶，發痠的手臂也恢復後，就可以把麵團刮到乾淨的工作台上，然後用刮板或一把鋒利的刀，將麵團切分成均等的小球。如果講究精確的話，可以將麵團秤重，用總重量除以你想要的甜甜圈數量，計算出每個小球的重量該是多少。弓起手心在工作台上逐個搓揉小麵球，搓成光滑的小圓球，每搓好一個小圓麵團，就放到烤盤或大盤子上，蓋上濕紙巾，然後重複同樣的步驟搓好所有的麵團。將烤盤或大盤子放到通風的碗櫥裡，或放在溫暖的室內，放置 30~45 分鐘，完成最後的發麵；等小麵團體積膨脹成兩倍，輕壓不再會回彈，就可以預備炸了。

步驟 5：將油倒進油炸鍋、大醬汁鍋或湯鍋裡（安全起見，油的高度不要超過鍋深的三分之一），準備好測溫計檢查油溫，油炸甜甜圈的最理想溫度是 160°C。另外，手邊要預備好：一副隔熱手套、萬一著火時可以完全蓋住鍋子的鍋蓋、一枝長柄漏勺或網勺，也別忘了把排油煙機開到最強，否則接下來一兩天你的廚房和房子裡會全是揮之不去的油炸甜甜圈味！

開始動手炸甜甜圈，注意溫度不要超過 170°C 或低於 150°C（如果油開始大量冒煙，立刻關火，無論發生什麼狀況，絕不要倒水到沸油裡）。甜甜圈每面各炸 2 分鐘（個頭較小的）到 3~4 分鐘（個頭較大的），你

可以利用漏勺加以翻動，直到兩面都炸到均勻的金黃色。

甜甜圈一炸好，就立刻用漏勺小心撈出油鍋，放到廚房紙巾上滴乾多餘的油分，然後將甜甜圈夾到盤子上，澆裹上大量美味的橙花蜜。

步驟 6：恭喜，你的甜甜圈就此完成！如果你之前從來沒做過，這可是歷史性的一刻，希望你和我一樣愛上這一味。炸完之後別忘了要關上油鍋的火。

☆ 隨興變化

我們常把甜甜圈丟到小荳蔻糖或肉桂糖裡。這很簡單，就是一碗細砂糖混上香料，香料量隨個人喜歡（像我就喜歡香料味，總是加滿滿一湯匙，但未必人人都喜歡），趁甜甜圈還溫熱時在糖裡滾一圈。你可以在甜甜圈裡填一些夏日水果的果醬，像是李子、櫻桃、藍莓、杏桃或覆盆子醬，也可以淋上自己喜歡的糖漿，但我覺得大部分的糖漿都太甜，所以糖漿不是我偏愛的選項。或者你也可以用一碗細糖粉混上一小杯白蘭地、威士忌或香橙干邑甜酒當淋醬也行，不過要小心別醉了……

黑巧克力輕盈蛋糕

（份量）**8 人份**

海綿蛋糕
- 中型蛋 3 顆
- 細黃砂糖 200 克
- 香草精 1 茶匙
- 奶油 100 克，融化備用，另備
  少許抹烤模用
- 白脫牛奶 100ml
- 思佩耳特小麥精製麵粉（或精
  製低筋麵粉）200 克，另備少
  許撒烤模用
- 泡打粉 1 茶匙
- 細海鹽 1/4 茶匙

黑巧克力淋醬
- 奶油 125 克
- 淡色黑糖 125 克
- 可可粉 5 湯匙
- 濃咖啡或濃縮咖啡 1 小杯（非
  必要）
- 海鹽 1 茶匙
- 可可碎粒 50 克（非必要）

　　我們家超愛的一種經典香草海綿蛋糕。淋上椰子鹹焦糖醬就是 Drommekage，意思是「夢幻蛋糕」，或者淋杏仁鹹焦糖醬，就成了廣受歡迎的托斯卡蛋糕（toscakake），兩款都名列我的最愛蛋糕名單。我想試試看搭上黑巧克力，於是這個食譜就誕生了：苦味巧克力對比上輕盈、滑膩的香草海綿蛋糕──剛好反映出斯堪地那維亞人民的個性、風景和四季的衝突性。

　　烤箱預熱至 170°C ／烤箱溫度指數 3。準備一個 23 公分的蛋糕烤模抹上奶油，撒薄薄一層麵粉，或者鋪上烘焙紙。

　　將蛋、糖和香草精一起攪打，直到濃稠，顏色變淺呈蓬鬆狀。這個步驟約耗時 8~10 分鐘，但一定要耐心完成，海綿蛋糕夠不夠輕盈的關鍵就在這裡。

　　將奶油、白脫牛奶和乾料分兩

次加入，拿一枝金屬大湯匙用畫 8 字的方式小心拌入，以避免攪出太多空氣。將麵糊輕輕倒入烤模中，放在烤箱中層，烤約 25~30 分鐘，直到海綿蛋糕表面呈金黃色，輕壓感覺紮實。蛋糕一定要烤透，用烤肉串叉刺進蛋糕中心的位置，拔出時不會沾黏即可。

烤蛋糕的同時，拿一只小醬汁鍋，用中火融化所有淋醬的材料後，放在一邊備用。

將蛋糕移出烤箱，先放在隔熱墊上，將烤箱溫度調高到 220°C ／烤箱溫度指數 7。將巧克力淋醬輕輕澆在蛋糕上，放回烤箱中烤約 5~8 分鐘讓表層脆化，小心不要烤焦了。

將蛋糕移出烤箱，在鐵架上放涼後再倒出。

黏答答薑味蛋糕淋甜橙醬

份量 **8~10 人份**

· 奶油 125 克，另備少許抹烤模
· 糖蜜 175g（或用深色黑糖）
  〔譯註〕
· 糖漿 150ml
· 白脫牛奶 250ml
· 中型蛋 2 顆，稍微打散
· 思佩耳特小麥精製麵粉（或中筋麵粉）175 克
· 思佩耳特小麥全麥麵粉 75 克（或用黑麥、全麥、燕麥麵粉）
· 小蘇打 2 茶匙
· 泡打粉 1 茶匙
· 肉桂粉 2 茶匙
· 現磨生薑 2 茶匙
· 小荳蔻粉 1 茶匙
· 現磨肉荳蔻 1/2 顆
· 細海鹽 1/2 茶匙

淋醬
· 細糖粉 150 克
· 甜橙 1 顆，取果汁和皮屑
· 檸檬 1 顆，取汁

裝飾
· 小型石榴 1 顆，取出籽
· 淺綠色的生開心果

這是我聖誕季節永遠的最愛，我曾在某個聖誕電視特輯中烤過這款蛋糕，結果大受歡迎，因此我決定把這個食譜也收錄進來。我不是太喜歡傳統英式聖誕蛋糕上甜膩膩的杏仁膏和滿口渣的細糖粉，所以索性改成北歐版的——既有節慶的顏色和風味，甜度又剛剛好，讓人依然享受到節日的喜慶感⋯⋯

烤箱預熱至 170°C ／烤箱溫度指數 3，同時準備一個 900 克的長條形烤模，稍微抹一點油。

用一個中型的醬汁鍋，融化奶油、糖和糖蜜，徹底攪勻後離火，等稍微放涼後，加入白脫牛奶和蛋。將麵粉、膨發劑、香料、鹽，過篩放進一個中型的攪拌盆裡，再分次慢慢加進盛放濕料的鍋子裡，每加一次都要徹底攪拌，直到最後成為完全均勻的麵糊。薑麵糊倒進長條形的烤模中，放進烤箱中層，烤約 45 分鐘，然後蓋一層鋁箔紙避免頂層烤焦，繼續烤 10~15 分鐘，直到蛋糕膨脹起來，輕壓感覺紮實。如果不確定是否烤熟，用烤肉串叉刺進蛋糕中心的位置，拔出時不會沾黏即可。

將蛋糕放在鐵架上放涼幾分鐘後，倒扣出來，在頂層四處刺些小洞。然後準備甜橙淋醬，混合細糖粉、甜橙皮屑、甜橙汁和檸檬汁，最後就成了黏答答的淋醬，注意醬汁不要調太稀，否則沒辦法附在蛋糕上。

將淋醬澆在薑味蛋糕上，再點綴一些石榴籽和開心果作為裝飾。

譯註：糖蜜 molasses，是甘蔗加工成精製糖時所產生的糖漿，味道微苦，歐美常用於製作糕點。

聖誕香料瑪德蓮

（份量） <u>12 個瑪德蓮</u>

· 奶油 125 克，另備少許塗抹烤模
· 楓糖漿 2 湯匙
· 濃縮咖啡或濃咖啡 1 小杯
· 肉荳蔻 1/2 顆，磨碎
· 肉桂粉 1/2 茶匙（另可外加：1/2 茶匙荳蔻粉、丁香粉 1/8 茶匙、少量黑胡椒粉）
· 海鹽 1/4 茶匙
· 細糖粉 75 克
· 思佩耳特小麥精緻麵粉（或中筋麵粉）50 克，另備少許撒烤模用
· 杏仁粉 50 克
· 泡打粉 1/4 茶匙
· 中型蛋 3 顆，取蛋白

如果你想準備一套基本的烘焙模具，我建議除了 23 公分的圓形烤模、十二格的瑪芬蛋糕模之外，一定還要有瑪德蓮烤盤。瑪德蓮不但做起來很簡單，而且既美味，模樣也賞心悅目，沒有人不喜歡的。

將奶油、楓糖漿、咖啡、香料和海鹽放到小醬汁鍋裡，用低溫慢慢融化。

將細糖粉、麵粉、杏仁粉和泡打粉過篩到攪拌盆裡，倒進融化的奶油混合物以及蛋白，均勻攪拌成濃稠的麵糊。蓋上蓋子，放進冰箱裡冷卻，如果能放過夜更好。

等準備好要烤瑪德蓮時，烤箱先預熱至 170°C ／烤箱溫度指數 3，並將十二格的瑪德蓮烤盤抹上油，稍微撒些麵粉。將麵糊平均地舀進小格中，約三分之二滿。

烤約 15 分鐘，等瑪德蓮膨脹起來，頂端略呈圓弧狀，顏色呈現金黃即可。移出烤箱，放涼一兩分鐘後，將瑪德蓮一一從烤模中推出來——注意動作要快，否則可能黏在烤盤上。

趁溫熱享用，或過一段時間後，放進烤箱用 150°C ／烤箱溫度指數 2 重溫一下，讓表面重新變脆。

【小訣竅】如果你使用的是迷你瑪德蓮烤盤，大概只需烤 8 分鐘，千萬注意時間。

麥芽香蕉巧克力碎片胡桃瑪芬

份量 **12 個瑪芬**

- 思佩耳特小麥精緻麵粉（或中筋麵粉）225 克
- 思佩耳特小麥發芽麵粉（或全麥麵粉）50 克
- 淡色黑糖 100 克
- 泡打粉 1 茶匙
- 小蘇打粉 1/4 茶匙
- 細海鹽 1/4 茶匙
- 肉桂粉 1/4 茶匙
- 中型香蕉 3 條
- 奶油 75 克，融化備用
- 希臘優格 75ml
- 蛋 2 顆
- 大麥麥芽 1 湯匙
- 香草精 1 茶匙
- 黑巧克力豆 150 克（或片狀巧克力切碎）
- 胡桃 50 克，敲成小塊

這款瑪芬是孩子們的最愛，不僅動手做的過程很好玩，而且因為麥芽精的緣故，格外香氣四溢，但這不代表大人就不能享用喔……

將烤箱預熱至 180°C ／烤箱溫度指數 4，準備一個十二格的瑪芬烤模。烤箱下層放一個淺烤盤，裡面盛水。

將所有乾料過篩放入攪拌盆，充分攪拌，讓膨發劑均勻分布；另拿一個碗，用叉子將香蕉壓碎，將剩餘的所有濕料混進香蕉泥中，攪拌均勻。在乾料中央挖一個洞，加入香蕉泥混合物。

用畫 8 字的方式攪拌香蕉瑪芬麵糊，盆邊的乾粉要確實刮下拌進去，然後加進黑巧克力豆和胡桃碎塊，再稍微攪拌幾下。用一根大湯匙或冰淇淋挖勺，將麵糊分舀到瑪芬烤模裡。

　　將烤模放進烤箱中層，烤約 20 分鐘，直到瑪芬膨脹呈金黃色，輕壓感覺紮實為止。最後將瑪芬移出烤箱，放在鐵架上放涼。

☆ 隨興變化：

　　你可以不放巧克力和胡桃，做單純的香蕉瑪芬，或者在麵糊裡加入其他堅果，像是杏仁、山核桃。用一點楓糖代替麥芽加進麵糊裡，滋味也相當不錯。

巧克力、杏仁及杏仁膏歐洲李

(份量) **20~22 份**

- 歐洲李（Agen prunes）250 克，約 20~22 顆
- 杏仁糊 150 克，或選用品質最佳的杏仁膏（杏仁含量 50% 以上）
- 黑巧克力 150 克
- 去皮杏仁，稍微烤過（每顆歐洲李上放一顆）
- 香草海鹽

　　咖啡小憩搭配的未必一定要是烘焙的糕點。這種讓人一吃上癮的巧克力歐洲李，靈感來源要感謝大廚傑洛米·李。我在他倫敦的「君往何處」餐廳試過一次後，便一直念念不忘，索性著手試著在自家廚房重現，訣竅是要選用你所能找到品質最佳的黑巧克力，和多汁、果肉豐厚的歐洲李。在寒冷的冬夜裡，配上咖啡、煎茶或一杯威士忌，好好享用吧。

　　將歐洲李放在乾淨的砧板上，一一切出裂口，必要時可以去掉果核，然後將杏仁糊或杏仁膏揉成小球，要小到可以塞進歐洲李裡。

　　接下來，用醬汁鍋微微將水煮開，再把一個耐高溫的碗放在鍋子上，請小心鍋裡的水絕對不能沸騰。巧克力切碎，丟進碗裡，等巧克力完全融化後，便立刻將碗從鍋上移開。要想在歐洲李外層形成均勻薄脆的巧克力外殼，祕訣在於趁

巧克力一融化就沾，然後放到鐵架上放涼，這樣做出來的成品才會勻整漂亮。每顆巧克力歐洲李上放一顆烤杏仁，再撒一點香草海鹽，等巧克力變硬固定即可。

☆ 隨興變化：

　　你可以用相同的方法融化黑巧克力，來製作各種黑巧克力脆皮水果和堅果，不過也可以等巧克力稍微放涼變稠，再撒一把烘烤過的堅果（我喜歡混合杏仁和胡桃）和酸櫻桃乾，或者單放堅果也行，混合後輕輕鏟起放到板子上，讓巧克力定型。

Chapter 5

北歐廚房

北歐天性

「烹飪是一種對他人的關懷。」有一位藝術家曾經這麼說。這樣的觀念對我們大部分人而言，是再自然不過，畢竟，與他人分享麵包這種代表親密和相互支持的行為，已經是自古流傳下來的傳統，同時從這一章的篇幅之重，便可看出這個信念的重要性。好的食物真的不必複雜，本書的中心哲學是：「省時省力才是實踐好好吃好好生活的關鍵。」

現代北歐料理以保持簡單為原則，大量運用自然營養的食材，像是莓果、全穀物、瘦肉、醃泡食物、當季蔬菜、永續性的魚類和海鮮。如同我媽曾說：「挪威人擁有全世界最健康的速食。」她說得沒錯：只需要利用煙燻熟鱒魚、煙燻鮭魚、醃鮭魚、醃鯡魚、水煮北海明蝦、淺漬鱈魚等等，就能做出許多美味佳餚。

早餐非常重要，早上花點時間吃一頓健康的餐點，讓你可以為接下來的一整天做好準備。我發現要是哪天沒時間好好吃早餐的話，我整個人都會陷入混亂，而第 115 頁的燕麥格子鬆餅和 154 頁的烤香料豬五花之類的慢煮料理，最適合週末的 hygge 時光。

即使像我這麼熱愛烹飪的人，也無法聲稱自己每次下廚都是從零開始準備。「冰箱儲糧」可以帶來很大的滿足感，而且僅憑手邊現有的材料煮出一道菜是種趣味又有創造力的練習，不過並非所有人都有餘裕或適合的狀態這麼做。本章中介紹的沙拉和蔬食料理，可以幫助你在短短幾分鐘內完成美味的一道菜，大部分食譜都只是指南而已，若你發現任何適合的材料和味道，儘管自由發揮吧！

終極果乾穀麥片

 份量 足夠 **15~20** 人次的份量

· 綜合穀片 550 克（我選用的是燕麥、
　黑麥、大麥和思佩耳特小麥）
· 香草味烤杏仁 180 克（參見小訣竅）
· 有嚼感的香蕉乾 180 克
· 酸櫻桃乾 180 克
· 富含 omega 脂肪酸的綜合種仁 180
　克（我選用的是亞麻籽、南瓜籽、
　芝麻和葵花籽）
· 烤椰肉片 100 克（細節參見小訣竅）
· 肉桂粉，適量調味

（照片見第 108 頁）

從小我就是個果乾穀麥片的狂熱愛好者，但市售的穀麥片裡常常有一堆我討厭的葡萄乾。好的果乾穀麥片，應該在綜合穀片、各式堅果、種仁、果乾的風味和口感比例上，取得完美的平衡。如果你想讓自己的一天有個健康的開始，記得一定要兼顧美味……

將所有材料放進一個大碗中（我會加 2 茶匙的肉桂粉），充分攪拌，讓各種材料分布均勻，最後將拌好的果乾穀麥片，放進容量兩公升的加蓋玻璃罐裡儲存。

☆ 隨興變化：

　　你可以選用任何自己喜歡的果乾，像我就特別喜愛酸櫻桃乾強烈的酸味和甜滋滋的香蕉乾所形成的對比。你也可以加一杯喜歡的酥脆烘烤燕麥粒，增添酥脆的嚼感。

【小訣竅】若想自行製作香草杏仁和烤椰肉片，只需要將烤箱調溫到150°C ／烤箱溫度指數 2，將生杏仁和椰子肉分盛在不同的烤盤內烤即可。杏仁烤 10~15 分鐘，就會變得焦香可口（要隨時注意變化，一不注意就會烤過頭的），椰肉則是烤 5~8 分鐘就會變金黃色。將烤盤移出烤箱放涼。杏仁放涼幾分鐘後，拌上一茶匙香草精，讓香草精均勻裹覆在杏仁表面。

椰子燕麥粥

 2 人份

· 碎燕麥粒 100 克
· 椰子水 150ml
· 椰奶 150ml
· 椰漿 75ml
· 香草鹽 1/4 茶匙
· 糖煮莓果（參見第 114 頁），
　或你喜歡的新鮮莓果也可以

　　我的美食職業生涯高峰，就是靠著這款粥在「倫敦粥品錦標賽」奪得並列冠軍。典型北歐日常早餐中，穀物的地位可說是「根深蒂固」，我們熱愛燕麥粥。為一碗粥增添風采的方法很多，但我偏愛加入和椰子有關的東西，因此在這個食譜裡選擇的是椰子。

　　在煮粥的前一天晚上，先將燕麥浸泡在椰子水裡，這樣有助於燕麥軟化膨脹，隔天煮出來的粥會更柔滑。

　　當天早上，將椰奶和椰漿倒進一個小醬汁鍋裡，煮至沸騰後，加入泡過的燕麥。將火轉小，讓粥保持將滾未滾的狀態，攪拌 5~10 分鐘，直到燕麥粥變濃稠。如果覺得太乾，就再多加一些椰子水（白開水也可以）或椰奶和椰漿。加入香草鹽，均勻攪拌後試味道；如果你喜歡稍微鹹一點的燕麥粥，就再加一兩小撮鹽，繼續攪拌。鹽一定要完全融化，所以這個步驟不要太急，否則吃的時候可能會嚼到鹽粒。

　　等粥呈現你喜歡的濃稠度，便將鍋離火，讓粥靜置一分鐘。盛成兩碗，上面放一些綜合糖煮莓果或新鮮莓果，和任何其他你喜歡的配料——堅果、楓糖漿、香料、一小塊優質奶油，全部都很適合。

☆ 隨興變化：

　　這是一份不含乳製品的食譜，但你當然也可以加全脂牛奶或高乳脂鮮奶油。

北歐莓果、omega 脂肪酸和克菲爾優格冰沙

（份量）**2 人份**

· 藍莓 1 小盆（約 150 克）
· 覆盆子 1 小盆（約 150 克）
· 克菲爾優酪乳 250ml
· 小型香蕉 2 根
· omega 綜合種仁（亞麻仁、南瓜籽、芝麻及葵花籽）2 湯匙
· 堅果醬（杏仁、腰果、花生皆可）1 湯匙
· 檸檬 1 顆，取檸檬汁（若你喜歡檸檬，也可加少許檸檬皮）
· 蜂蜜或楓糖漿 1 茶匙（若香蕉不是十分熟，蜂蜜量可以增多）
· 現磨薑泥 1 茶匙
· 肉桂粉少許
· 冰塊，盛杯時用（非必要，若你使用的莓果和香蕉都不是冷凍的才需要）

每星期至少有一天，我會用莓果冰沙來當作一天的開始。冰沙的變化無窮，關鍵在於要在酸和甜之間取得平衡，冰度要非常夠，另外還要加些堅果醬來軟化莓果的銳利感。當你急需一點營養的食物，或必須把早餐帶上路吃的時候，這樣一杯含有必須脂肪的美味冰沙就是最好的選擇。

將所有材料放進調理機中，先跳壓幾秒將莓果和香蕉打碎，然後繼續打成滑順的紫色冰沙；倒出前先嚐嚐味道，如果太淡就再多加些檸檬汁，若太甜就加點冰塊。

☆ 隨興變化：

克菲爾優酪乳是源自高加索山區的一種益生菌牛奶，你也可以用一般的原味優酪乳代替。

糖煮莓果

 份量 約 **500** 克

· 果糖 100 克（或白砂糖 150 克）
· 水 75ml
· 小荳蔻 5 顆
· 八角 1 顆
· 肉桂 1 根
· 未上蠟柳橙 1 顆，取汁和成條的果皮
· 未上蠟檸檬 1 顆，取汁，果皮 1 條
· 冷凍綜合莓果 450 克

（照片見第 116 頁）

新鮮莓果是短暫夏季裡的一大亮點，而這個食譜，正是在陰暗的冬季裡偷渡一點夏日滋味的方法。這種糖煮水果很簡單，如果你手邊隨時有冷凍莓果，那就更方便了，而且和本章中介紹的燕麥粥、鬆餅和格子鬆餅都是絕佳的搭配。

首先製作香料糖漿：用小醬汁鍋將糖和水加熱至微微沸騰，等糖完全溶解後離火。加入香料和柳橙、檸檬皮，浸泡一小時，如果你喜歡提前做好這個步驟，放隔夜也沒關係。

接下來濾掉香料和果皮，將糖漿放進一個中型的醬汁鍋裡，加入柳橙汁和檸檬汁，用中小火煮至微微沸騰，再加進莓果，用中火煮到莓果爆開，糖汁變濃稠。

最後，將鍋離火，等糖煮莓果徹底放涼後放進冰箱冷藏，或者你喜歡趁溫熱享用也沒問題。

☆ 隨興變化：

同樣的配方也可以拿來煮李子。那種又硬又生的李子，加工成糖煮李子最適合不過了。

燕麥格子鬆餅

 份量 **4~6 人份**

- 煮粥用的燕麥片 150 克
- 思佩耳特小麥精製麵粉 350 克
  （如果你喜歡帶有堅果香的全
  麥風味，也可以選用發芽小麥
  麵粉）
- 泡打粉 1 茶匙
- 白砂糖 100 克
- 海鹽 1/2 茶匙
- 奶油 150 克，融化備用，另備
  少許塗抹烤模
- 水 100ml
- 鮮奶油或酸奶油 250 克
- 燕麥奶 200ml（或用全脂牛奶
  也可）
- 中型蛋 4 顆
- 香草精 2 茶匙

格子鬆餅有誰不愛呢？在北歐各國，傳統上用的都是心形鬆餅模，做出來不但好看，而且也方便共享。我介紹的這個食譜是北歐經典酸奶油香草格子鬆餅的進階版，燕麥片稍微烤過後再打碎成燕麥粉，增添了一些堅果香氣，最適合下午的咖啡小憩時光了。

烤箱預熱至 170℃／烤箱溫度指數 3。將燕麥平鋪在烤盤或耐熱的盤子上，放進烤箱中烤 10 分鐘，烤到燕麥開始飄出堅果香，顏色稍微變深為止。將燕麥移出烤箱，放涼幾分鐘後，放一半到調理機打成細粉。

接下來，將燕麥粉、烘烤過的燕麥片和其他所有乾料過篩放進一個大攪拌盆裡。在中心處挖個小洞，加入濕料。用一根大打蛋器徹底攪拌，拌成濃稠的麵糊──舉起打蛋器，麵

糊需要幾秒才會滴落的稠度。

　　麵糊靜置至少 30 分鐘，讓麵粉中的澱粉膨脹──這樣有助於麵糊濃稠，做出來的格子鬆餅會更好。在鬆餅機上下烤模都抹上薄薄的奶油，按照說明書指示加熱，等溫度夠熱時，放一勺麵糊到烤模上，再將烤模壓緊。等顏色看起來金黃酥脆，格子鬆餅就完成了，請用抹刀將鬆餅鏟出烤模、盛盤，並放上喜歡的配料（譬如第 114 頁的糖煮莓果）。

【小訣竅】如果你的格子鬆餅不是在餐桌上和家人朋友一起現烤的，請先將烤箱低溫預熱，將做好的鬆餅放在烤箱裡保溫，就隨時可以上桌了。

鬆餅

（份量） **2 人份**

· 夸克乳酪（quark）200 克
  〔也可以用鮮乳酪（fromage
  frais）或瑞可達乳清乾酪
  （ricotta）〕
· 全脂牛奶 100ml
· 奶油 50 克，融化備用
· 中型蛋 2 顆，蛋白和蛋黃分
  開
· 香草精 1 茶匙
· 思佩耳特小麥發芽麵粉 85
  克（或任何你喜歡的麵粉）
· 蜂蜜或楓糖漿 2 湯匙，另備
  少許當淋醬
· 海鹽 1 又 1/2 茶匙
· 植物油 1 湯匙，煎鬆餅用

盛盤

· 綜合莓果一把，例如草莓、
  覆盆子和藍莓
· 希臘優格
· 肉桂粉

這種雲朵般輕盈的鬆餅最適合當週末的早午餐了，尤其如果你計畫游個長泳或到戶外健行運動，需要可以維持整天活力的食物，這是最佳選擇。鬆餅裡的夸克乳酪是很好的蛋白質來源。

將夸克乳酪放到一個中型碗裡，加入牛奶和融化的奶油，充分攪拌後加入蛋黃；請一定要徹底攪拌，讓所有材料充分混合。

接下來加入香草精、麵粉和蜂蜜，最後是鹽，再度攪拌到麵糊均勻濃稠。

用另一個碗，將蛋白打到乾性發泡。先加入一些麵糊稀釋，然後將剩餘的麵糊拌入蛋白裡，輕輕地用湯匙或刮刀以畫 8 字的方式攪拌，避免麵糊中的空氣溢出，等蛋白都拌進去後便停手。

淋一湯匙油到鬆餅鍋或平底煎鍋中，中火加熱。等油熱後，視你的鍋子大小而定，滴 1~2 團麵糊到鍋中，麵糊邊緣不要黏在一起即可。兩面各煎 1~2 分鐘便可起鍋，將鬆餅疊在盤子上放在烤箱裡保溫，繼續煎剩下的鬆餅（第一鍋鬆餅會比較油膩，別擔心，越煎會越好）。

趁鬆餅溫熱享用，搭配上新鮮莓果、希臘優格，再撒些肉桂粉，淋上喜歡的蜂蜜或糖漿。

☆ 隨興變化：

麵糊裡可以加一根壓碎的香蕉增添甜味。

煙燻鮭魚搭黑麥麵包，佐酪梨、醃青蔥和甜菜根

(份量) **2 人份**

- 酪梨 1 顆
- 醃青蔥 1 根（參見第 158 頁），切碎
- 酸豆 1 湯匙，瀝乾並切碎
- 未上蠟檸檬 1 顆，取果汁和皮屑
- 煙燻鮭魚 4 片
- 黑麥麵包 2 片
- 鹽、現磨黑胡椒
- 醃甜菜根，切碎，用來點綴

鹹味、煙燻味、酸味、大地氣息、堅果香、甜味一應俱全——還有比這更棒的開口三明治嗎？這是美味、營養的北歐風食物的最佳代表。

將酪梨剖半、去籽，切成小丁，放入碗中加入醃青蔥，再加進酸豆、檸檬皮屑和汁，用少許鹽和黑胡椒調味。

每片黑麥麵包上疊兩片煙燻鮭魚，再撒上酪梨和青蔥混料。

用一些碎甜菜根做點綴，便可盛盤上桌了。

☆ 隨興變化：

琉璃苣、巴西利、細香蔥、紫蘇葉和蒔蘿，都非常適合這道菜。

雞肝醬搭黑麥麵包，佐粉紅葡萄柚柑橘醬

份量 **2 人份**

· 奶油
· 黑麥麵包 2 片
· 雞肝醬 1 包（或任何你喜歡的肉醬）
· 粉紅葡萄柚柑橘醬 2 茶匙
· 醃甜菜根，切碎
· 迷迭香 1 根，點綴用

吃貨常常聲稱自己熱愛內臟……好吧，這道可能不算太有趣的內臟料理，不過我從小就很愛吃雞肝醬，每隔一陣子就感覺非來上一點不可。這道菜強烈的大地風味，抵消了肝醬中鹹鹹的肝臟味道。

黑麥麵包上厚厚塗上一層奶油（如果麵包已經擺了好幾天，可以放進烤箱用 150°C ／烤箱溫度指數 2 烤幾分鐘回鮮）。

麵包片塗上厚厚的雞肝醬，再抹上少量的粉紅葡萄柚柑橘醬，最後撒醃甜菜根；將迷迭香去梗，切碎，撒在最上面。

北海明蝦和脆酵母麵包乾小點

份量 **2 人份（或者製作多份，當成餐前小點心）**

· 奶油
· 迷你酵母脆麵包乾 1 小盒
· 帶殼挪威水煮明蝦 250 克，去蝦殼
· 優質美乃滋
· 小黃瓜 1/2 條，刨成薄片或切細條
· 鮄魚卵 1 小罐
· 新鮮蒔蘿 1 小把
· 未上蠟檸檬 1 顆

　　甜美的北極明蝦，細緻的黃瓜片、爽口的檸檬、芳香的蒔蘿和鹹香的鮄魚卵，組合在一起讓可口的食材更加分。適合任何時間、地點的天堂級小點。

　　迷你酵母脆麵包乾逐片塗上奶油，擺上幾隻明蝦，並點綴上少量（大量也沒問題）美乃滋、黃瓜片、鮄魚卵和蒔蘿，再擠幾滴檸檬汁，撒些檸檬皮屑即可。

　　準備好後立即享用；如果你飯後沒有打算去游泳或滑雪，那麼搭一杯冰涼爽口的麗絲玲白酒，是再適合也不過。

∞

　　前頁照片（左上角起順時鐘排列）：雞肝醬搭黑麥麵包，佐粉紅葡萄柚柑橘醬（第 121 頁）

　　煙燻鮭魚搭黑麥麵包，佐酪梨、醃青蔥和甜菜根（第 120 頁）

　　煙燻鹿肉搭酵母麵包，佐西洋梨、無花果和烤堅果（第 125 頁）

　　羊奶凝乳搭青蘋果、石榴和洋槐花蜜（第 126 頁）

　　北海明蝦和脆酵母麵包乾小點（本頁）

煙燻鹿肉搭酵母麵包，佐西洋梨、無花果和烤堅果

份量 **2 人份**

· 酵母麵包 2 厚片
· 奶油（或橄欖油）
· 煙燻鹿肉 4 片
· 熟透的西洋梨 1 顆，去核，切片
· 熟透的新鮮無花果 1 顆 ，或無花
　果乾數顆，切片
· 濃稠的巴沙米可陳醋淋醬
· 百里香 1 根
· 烘烤開心果和胡桃 1 小把

這是一道野味十足的組合，特別適合比較涼爽的季節享用。西洋梨和無花果柔和的甜味，和沉鬱的煙燻鹿肉搭配在一起非常契合。

酵母麵包片烤到金黃香脆，然後鋪上一層煙燻鹿肉，再點綴幾片西洋梨和無花果，最後淋上幾滴巴沙米可陳醋。享用前，可以再撒上百里香葉、開心果和胡桃。

☆ 隨興變化：

你只需要加入一些烤番薯、紫色迷你花椰、酪梨、水田芥（西洋菜）、醃青蔥或茴香，就能輕易讓這道菜搖身一變成沙拉。或者試試看換些不同的堅果，像是烘烤杏仁、榛果和山核桃都不錯。

羊奶凝乳搭青蘋果、石榴和洋槐花蜜

 份量 **2~4 人份（可依你的飢餓程度調整）**

· 迷你酵母脆麵包乾 1 盒
· 羊奶凝乳 1 桶
· 青蘋果 1 顆，切碎或切細條
· 石榴籽
· 洋槐花蜜
· 香草海鹽
· 食用花，如三色紫羅蘭和金蓮花（或者選用你喜愛的新鮮香草）

身為雜食動物的我，幾乎什麼都吃，但我喜歡素食料理所帶來的創意挑戰，我發現在不能用肉和魚的狀況下，你必須在食物的味道上發揮更多創造力才行。我和同事兼好友漢娜·佛蕭一起經營「愛吃斯堪地」晚餐俱樂部，我們只要為素食客人準備這道料理，總是大獲好評。

將所有迷你酵母脆麵包乾排在一塊乾淨的麵包砧板上，逐片塗上一層厚厚的羊奶凝乳。我發現如果在凝乳上空出一個小洞，接下來的配料會比較容易固定。

在每一個小洞裡填上切碎的蘋果和石榴籽，然後淋一點蜂蜜，再撒一點香草海鹽，最後頂端放上一小朵食用花。

☆ 隨興變化：

你可以將這道食譜改造成大塊的三明治，或甚至做成沙拉，可以用巴西利、薄荷、百里香、奧勒岡葉、細香蔥或琉璃苣，來代替食用花。水果也能改換成西洋梨、無花果、杏桃乾、酸櫻桃乾，夏季的時候還能換成新鮮的覆盆子，如果是冬天，把血橙剖成細條會是非常美麗的裝飾。

多香果和威士忌烤雞肉串

 份量 **2~4 人份（可依你的飢餓程度調整）**

· 帶皮雞腿肉 4 隻，去骨，切成手指長的條狀
· 多香果〔譯註〕8 顆，放在研砵裡搗碎（或直接用多香果粉 1 茶匙）
· 醃鯷魚柳 2 條，切碎
· 蜂蜜 2 湯匙
· 淡威士忌 50ml
· 辣椒粉一小撮（如果喜歡辣味可以多放些）
· 植物油
· 鹽和現磨黑胡椒

盛盤
· 喜歡的新鮮沙拉葉
· 醃泡大黃（請見第 158 頁）

我熱愛雞肉串，自從在東京的居酒屋大啖千變萬化的雞肉串後，我就上癮了。這款多香果雞肉串，利用醃鯷魚、威士忌和辣椒提味，是冰透的啤酒或威士忌摻可樂的絕妙搭檔。

我發現醃肉最方便的方法，是用透明大塑膠袋代替碗，因為放在塑膠袋中，你可以把醃料按摩到肉裡，達到充分入味的效果。將雞肉條、多香果、蜂蜜、威士忌、辣椒粉放進塑膠袋中，澆上可以淹蓋住所有材料的油量，擠出袋中多餘的空氣，將袋口打結，按摩雞肉讓所有材料都醃到肉裡，然後送進冰箱放幾小時，或放隔夜。如果你用的是竹籤，冰雞肉時也別忘記把竹籤泡水。

烤爐用中大火預熱，或準備好烤肉架。將雞肉從醃肉袋裡拿出來，用鹽和現磨黑胡椒調味。

烤約 5~10 分鐘，過程中規律地轉動雞肉串，讓雞肉呈現均勻上色。

配上新鮮沙拉葉和少許大黃泡菜一起上桌，趁熱享用美味的雞肉。

【小訣竅】這款醃料也很適合豬肉和羊肉。

譯註：多香果又稱牙買加胡椒，為常見的西餐香料。

北歐冬季沙拉

 份量 **4 人份的配菜，或 2 人份主菜**

· 葫蘆南瓜 1 顆，或番薯 2 顆
· 橄欖油
· 石榴 1 顆，取石榴籽
· 羽衣甘藍 1 棵（皺葉或平葉皆可）
　清洗後切碎
· 未上蠟大檸檬 1 顆，取汁和皮屑
· 鹽和現磨黑胡椒

羽衣甘藍可以算是最符合現今潮流的冬季時蔬了，但我自己並不是太喜歡，因為生的羽衣甘藍嚼起來很費力，而這道食譜的作法是我願意生吃它的唯一方法。祕訣在於充分地加以按摩，讓它軟化凋萎。這道菜實在太簡單了，所以我加了烤南瓜或番薯（它們可以讓任何沙拉增色），石榴籽則是增添一些華麗感。

將烤箱預熱至 200°C ╱烤箱溫度指數 6。將南瓜或番薯切成可入口的小塊，放到烤盤上，淋上橄欖油，再用鹽和胡椒調味，送進烤箱烤約 30 分鐘，直到變軟；烤好後立刻移出烤箱，放在一邊備用。

將石榴籽剝到碗中，然後用檸檬汁、檸檬皮屑和橄欖油幫羽衣甘藍按摩，讓葉片軟化，然後放進盛石榴籽的碗裡，稍微翻動攪拌一下，蓋上蓋子等待盛盤。

將沙拉和烤南瓜混合，搭配烤魚、雞肉或其他肉類一起享用。這款沙拉也可以加進切小丁的菲達起司（feta）、酪梨和綜合種仁，就是一道很豐盛的素食料理。

終極烤乳酪

 2 人份

・賈斯堡牌庫藏乳酪（Jarlsberg Reserve）
150 克〔或用康地（Comté）、格呂耶爾
（Gruyère）、馬斯丹（Maasdam）乳酪
都可以〕，稍微磨碎
・伊比利豬肉火腿 30 克，切碎（非必要）
・烤榛果 30 克 稍微壓碎
・細香蔥 1 小把
・巴西利 1 小把
・鼠尾草葉少許（非必要）
・香蕉洋蔥〔譯註 1〕1 顆（banana shallot），
切碎
・芥末粉 1/2 茶匙（也可以用芥末籽代替）
・伍斯特醬和 Tabasco 辣椒醬，依個人口
味決定（我覺得少少幾滴就夠了，但你
可能喜歡辣一點）
・煙燻紅椒粉 1 小撮，或辣椒粉，依口味
而定
・酵母麵包 4 片
・脫水奶油〔譯註 2〕25 克

有誰不愛烤乳酪三明治？

　　將所有要夾在麵包中間的食材全
部放進碗裡，攪拌成均勻的混合物。這
款三明治用烤或煎的都可以，不過兩種
方法都要用到澄清奶油，如果你決定要
用烤的，那麼只要在酵母麵包片的外側
塗上奶油，然後將餡料混合物平均分
配，塗在當基底的兩片麵包片上。疊上
頂層的麵包片，放到烤架下方，以中強
火每面烤 2~3 分鐘，留意麵包的變化，
不要燒焦。如果你決定用煎的，那只要
將澄清奶油加在平底鍋裡，兩面煎一樣
時間即可。煎好的三明治外層應該金黃
焦脆，內餡則應該稍微有點不太雅觀地
往外流溢出來。

　　趁熱享用，但要小心不要剛烤好
或煎好就急著咬上一口，爆漿的熱乳酪
可是很棘手的！三明治搭上泡菜、沙拉
或營養的蔬菜湯，就變成一頓豐富的餐
點囉。

譯註 1：banana shallot 為一種長條形洋蔥，味道較
一般洋蔥溫和與脆甜，主要產地為荷蘭和法國。
譯註 2：clarified butter 又稱無水奶油、澄清奶油等，
乳脂含量約 99% 以上，幾乎不含水分，常用於中式酥
皮點心的製作。

烤花椰、菠菜、藍紋乳酪沙拉，佐櫻桃和胡桃

份量 **2 人份**

- 白花椰 1 棵，剖成小枝
- 橄欖油 2 湯匙，另備少許盛盤後用（非必要）
- 嫩菠菜 1 小束
- 藍紋乳酪 100 克，壓碎
- 酸櫻桃乾 1 把
- 胡桃 1 把
- 海鹽及現磨黑胡椒
- 櫻桃醋或任何你偏好的醋，盛盤後用（非必要）

在秋冬這幾個月裡，我常常根據這道沙拉做各種變化——烤花椰菜的堅果香氣，增添一絲令人愉悅的溫暖感。你可以混進烤番薯，或者加進煮花椰菜和抱子甘藍，變成一道超級綠蔬沙拉。

將烤箱預熱至 200°C ／烤箱溫度指數 6。將花椰菜放進烘烤盤，淋上油，撒鹽和胡椒，在烤箱中烤 30 分鐘，直到花椰菜轉成金黃色，還保留著脆脆的口感（在沙拉中保留一些嚼感，吃起來會很過癮）。

將菠菜均分放到兩個盤子上，將還溫熱的花椰菜擺在上面。接下來，撒上乳酪、酸櫻桃和胡桃，如果喜歡的話，再淋上一些油和醋，或保持原味也可以。

配上幾片抹好奶油的酵母麵包或黑麥麵包一起吃。

北歐風涼拌高麗菜

(份量) 足夠在派對上供應一群人
的份量

菜葉
· 高麗菜 1 棵，切細絲
· 根芹菜〔譯註〕1 個，切細
· 大型茴香 1 顆，或較小的 2 棵，
切細
· 大胡蘿蔔 4 根，切細

調味醬
· 鮮奶油 300 克（也可改用酸奶油
或希臘優格）
· 橄欖油 150ml（喜歡可以多放些）
· 沙拉醬 100ml（非必要，但我個人
很喜歡）
· 未上蠟檸檬 3 顆，取檸檬汁和皮屑
· 蔥 4 根，切細（或者香蕉洋蔥 2
顆，切碎）
· 辣根醬 3~4 湯匙
· 白酒或蘋果醋 3~4 湯匙
· 粗粒芥末醬 1 湯匙
· 15 克的新鮮蒔蘿 2 包，切碎
· 巴西利 1 小把，切碎
· 葛縷子 1 湯匙
· 芫荽子 1 茶匙
· 白胡椒 1/2 茶匙
· 海鹽

（照片見第 107 頁）

如果你有朋友或家人聚餐，或需要用自助餐的形式供餐，這道菜非常適合供應多人享用。這道菜和所有餐點幾乎都能搭配，特別是肉類和海鮮。

首先製作調味醬：將所有材料放進碗中混合，依個人喜愛調味。別忘了，蔬菜是生的，味道很淡，所以調味醬需要強烈一點。

接下來，將所有蔬菜放進一個大攪拌盆裡，用兩根大湯匙或叉子（直接用手可能最方便），將調味醬倒入拌勻，讓所有蔬菜都能覆上醬汁。

蓋上保鮮膜，送進冰箱冷藏幾個小時，讓蔬菜充分入味。

譯註：celeriac 又稱塊根芹，源自於地中海地區，目前歐美大陸皆有生產。

焗烤根芹菜、馬鈴薯和蘑菇

（份量）**4 人份**

· 奶油，塗抹烤盤用
· 中型白洋蔥 1 顆，切碎
· 植物油 1 湯匙
· 中型蠟質馬鈴薯 2 顆〔譯註〕
　小型根芹菜 1 顆，削皮，剖
　成四等份
· 棕色蘑菇 1 把，切薄片，炒
　至金黃色
· 百里香 2 根
· 鹽及現磨黑胡椒
· 雞高湯 500ml

（照片見第 156 頁）

冬天總讓人想來一點焗烤馬鈴薯，這個食譜是根據傳統的食譜做些變化。帶著奶香的馬鈴薯我也很愛，只是我發現這款不加牛奶的作法效果也很好，但如果你想要這道菜豐潤一點，也可以用 200ml 的鮮奶油代替雞高湯。出爐後撒上一點乳酪和煎香的培根，放縱指數就更高了。

將烤箱預熱至 190℃／烤箱溫度指數 5；準備一個 20×30cm 的耐熱盤，抹上奶油。

將洋蔥放進小醬汁鍋裡，用油炒 5~8 分鐘，直到洋蔥軟化透明。

將馬鈴薯和根芹菜切成 0.5 公分的薄片（用刨菜板很方便，但要小心手指），將三分之一的薄片鋪在耐熱盤上，然後再鋪一層洋蔥和炒好的蘑菇，撒點百里香葉和鹽、胡椒；重複同樣的步驟，鋪完所有材料。

倒入熱高湯（看你的馬鈴薯和根芹菜的大小而定，雞湯不一定要全部倒完，或者不夠時再加點水），蓋過所有蔬菜，最後撒上更多百里香葉，放進烤箱裡烤約 45~60 分鐘，直到馬鈴薯和根芹菜烤透，表面呈現金黃色即可。

譯註：蠟質馬鈴薯指較緊實，水分含量多，澱粉質較低的品種。

烤迷你南瓜，鑲填思佩耳特小麥珍珠粒和乳酪

份量　**1 人份**

· 香蕉洋蔥 1 顆，切碎
· 植物油 1 茶匙
· 大蒜 1 小瓣，切碎
· 煮熟的思佩耳特小麥珍珠粒 2~3 湯匙
· 鮮奶油 2~3 湯匙（如果你喜歡滑膩的質地，也可以多加些）
· 乳酪粉 1 小把
· 切達、帕瑪森、賈斯堡或格呂耶爾乳酪都可以——或者把這些全混合在一起也行！另備一些最後撒在頂端。
· 新鮮鼠尾草葉少許，切碎
· 迷你南瓜 1 顆（大小約是張開的手掌）
· 鹽和現磨黑胡椒

迷你南瓜拿來當成溫熱菜餚的容器，再理想不過，你只需要從冰箱或櫥櫃裡翻出一些現有的食材，不用完全按照食譜來。如果你不特別喜歡思佩耳特小麥，換成你喜歡的豆類或扁豆也行。

將烤箱預熱至180°C ／烤箱溫度指數4。

拿一把小炒鍋，以小火將蔥用油炒約 3~5 分鐘，到蔥軟化透明；加入大蒜，繼續炒 30~60 秒讓大蒜軟化就行，不要炒焦。然後加入思佩耳特小麥珍珠粒、鮮奶油和乳酪，等融化就變成醬汁，如果太稠的話，可以加一點溫開水或高湯來稀釋，或者你喜歡非常濃郁的口感，就多加些鮮奶油，再加入鼠尾草，攪拌一下，最後加鹽調味。

從迷你南瓜頂端約 2~3 公分的地方小心地切下，保留在一邊，留待烤的時候當成蓋子，挖除南瓜籽（可以留下來另外烤，只要清洗乾淨，晾乾，拌點香料就可以烤了，鹹甜皆可）。用湯匙將乳酪混合料挖進南瓜的洞裡，要壓實把空隙填滿。撒些乳酪和鹽、胡椒，重新蓋上蓋子。將南瓜放在燒烤盤上，送進烤箱烤約 60 分鐘，直到南瓜變軟為止。如果喜歡多一點乳酪，可以掀開蓋子，再多撒些乳酪粉，放在燒烤架下再烤幾分鐘。趁熱享用。

酥脆鱈魚頰佐北歐風蒔蘿莎莎醬

 份量 供應多人

鱈魚頰：
· 鱈魚頰肉 1 公斤
· 中筋麵粉 150 克，用大量鹽調味
· 大型蛋 3 顆，稍微打散
· 袋裝麵包粉 350 克
· 鹽和現磨黑胡椒

北歐風蒔蘿莎莎醬
· 蒔蘿 1 大把
· 巴西利 1 小把
· Abba 牌鯷魚 1/2 罐
· 自製或斯堪地那維亞風的醃小黃瓜 50 克（參見第 158 頁）
· 酸豆 1 茶匙，瀝乾
· 未上蠟檸檬 1 大顆，取汁和皮屑
· 橄欖油 3~4 湯匙
· 辣根醬 1 茶匙（或大約 1 公分長的現磨辣根）
· 植物油 2 公升，用來油炸
· 海鹽，點綴用

鱈魚是挪威沿海之寶，擁有全世界最永續發展的鱈魚漁場讓我們非常自豪。鱈魚頰柔軟多汁，最適合裹上麵包粉後酥炸，搭配酸酸甜甜的莎莎沾醬吃。我喜歡在派對上供應這道菜，熱騰騰的酥脆鱈魚頰總是大受歡迎，和阿夸維特酒（aquavit）〔譯註〕，或任何不甜的氣泡酒最合拍。

首先製作蒔蘿莎莎醬，將所有材料放進調理機中，先跳壓幾秒將香草打碎，等香草葉縮下來，就可以將所有東西一起攪碎，約 1~2 分鐘，直到醬汁混合均勻即可。如果感覺太濃稠，加一點水或檸檬汁即可。

將莎莎醬用保鮮膜蓋上，放在一邊備用，繼續準備鱈魚頰肉，將魚肉處理成適合一口吃下的大小。然後準備三個碗，一個放調味過的麵粉，一個放蛋液，最後一個放麵包粉；將鱈魚頰肉逐塊沾過麵粉，拍掉多餘的粉後，沾上蛋液，再裹上麵包粉，等沾好後，全放在大盤上備用。

取油炸鍋或一個大醬汁鍋，將油加熱到 160°C。每次下 6~7 塊鱈魚塊，炸 1~2 分鐘，直到表面呈焦糖色。用大漏勺將魚塊撈出鍋，放在廚房紙巾上吸油，然後撒上海鹽放進預熱的烤箱保溫，繼續炸剩下的魚塊，趁熱和莎莎醬一起上桌。

譯註：北歐一種香料味烈酒

檸檬、麗絲玲白酒醋輕漬大比目魚，佐接骨木花

（份量）**6 人份的開胃菜或製作多份當作餐前小點**

· 大比目魚 600 克，去皮去骨
· 麗絲玲白酒醋 150~200ml
· 果糖 3 湯匙
· 未上蠟檸檬 1 顆，取皮屑，外加少許檸檬汁（非必要）
· 鹽和現磨黑胡椒
· 乾燥接骨花木，點綴用

盛盤
· 醃小黃瓜，或綜合時蔬泡菜，像是芹菜、蘿蔔和櫛瓜（參見第 158 頁）

熱愛醃漬生魚的可不只是祕魯人而已，我們北歐人也喜歡檸檬醃漬生魚這種夏天風味的料理，尤其適合放鬆、不開火的戶外夜間活動。我爸媽曾在德國住過十幾年，他們對麗絲玲白酒的愛絕對遺傳給我了，就用這道菜搭配德國或澳洲產的麗絲玲白酒來開胃吧！

將大比目魚切成半公分厚的薄片，就像醃鮭魚那樣的薄片，然後排在一個大碗裡；再拿一個碗，混合麗絲玲白酒醋、果糖和檸檬皮屑，依各人口味喜好調味。醬的味道要又甜又酸才對，如果麗絲玲白酒醋的酸度不夠，那就再加點檸檬汁。將醃醬倒在大比目魚片上，用手輕輕將醬汁混入魚肉中，千萬不要破壞了魚肉組織。放到冰箱裡冷藏 20 分鐘後，即可排在長盤上或盛到個人的小盤中享用，你也可以撒上乾燥的接骨木花，搭配時蔬泡菜一起吃。

烤黑線鱈佐培根及黑麥麵包脆片

份量　**6 人份**

· 黑麥麵包 250 克
· 植物油 1 湯匙，另備少許抹
　魚排用
· 煙燻培根 200 克
· 150~170 克的黑線鱈排 6 條
· 鹽和現磨黑胡椒
· 季節蔬菜或海菜，或任何你
　喜歡的沙拉葉

這是我和挪威海鮮委員會一起研發食譜時創造出來的料理。頂端酥脆的配料中，培根貢獻了淳厚的香味，黑麥麵包則除了增添嚼感，還夾帶著甜美的大地氣息。這道菜非常適合在寒冷的月份裡，搭配清蒸的冬季蔬菜一起吃；就算在比較溫暖的季節，配上清爽的沙拉、泡菜，再來一杯黑皮諾葡萄酒或薄酒萊，也同樣美味。

黑麥麵包放進烤箱，低溫烘 20（薄片）到 40（厚片）分鐘。如果麵包本來就已經比較乾硬，就直接用調理機打碎，放一邊備用。

在平底鍋中熱油，分兩批將培根煎脆，將油分逼出；然後把培根盛起，放在廚房紙巾上吸油，鍋裡的油留著不要丟。

等培根涼透後，切成小塊，丟進調理機中打成細末，倒出，再將黑麥麵包也打成粗細一致的細末。將培根和黑麥麵包放在碗中混合，淋上一些平底鍋裡的培根油，讓細末可以黏合在一起。

將烤箱調到 200°C ／烤箱溫度指數 6，將黑線鱈放在烘烤盤上，六條魚排都要間隔擺開。在魚排上抹一點油，撒少許鹽和大量黑胡椒調味，最後在頂端鋪上培根和黑麥麵包的混合料。在烤箱中烤約 10~15 分鐘，時間視魚排厚度而定，稍微切開看，魚肉應該是不透明的才行。烤好後立刻盛上桌享用，搭配蔬菜、海菜或季節性的沙拉一起吃。

北極鱈搭酵母麵包

（份量） **2 人份**

- 熟透的酪梨 1 顆
- 成熟的李子數顆，或櫻桃番茄 6 顆，切薄片
- 未上蠟檸檬 1 小顆，取檸檬汁和皮屑
- Tabasco 辣椒醬
- 植物油 1 茶匙
- 北極鱈魚排 2 條（帶皮）
- 優質酵母麵包 2 片
- 鹽和現磨黑胡椒

盛盤：
- 巴西利、百里香、細葉芹、細香蔥
- 未上蠟檸檬 1 顆（非必要）

　　北極鱈是一種來自挪威的魚種，漁場在羅弗敦島附近，捕撈時間非常短，只在每年的一到三月。這個食譜裡麵包片上放酪梨這種作法，我們家族已經吃好幾代了，怎麼吃都吃不膩──有些菜就是這樣，永不過時。

　　酪梨剖半去核，將果肉挖出放在碗裡，然後用叉子將酪梨壓碎，加入番茄、檸檬皮屑和檸檬汁、幾滴 Tabasco 辣椒醬，再加鹽和胡椒調味。

　　接下來，拿一個中型煎鍋，放少許油，加熱到油滋滋作響。用廚房紙巾拍去魚皮上的水分，撒點鹽和胡椒，魚皮朝下放進油鍋裡；視魚排的厚度而定，大概需要煎 5~8 分鐘或甚至更久，要煎到魚肉幾乎完全不透明為止。在魚肉表面上撒點鹽，然後用煎鏟小心地將魚翻面，再續煎 1 分鐘左右。將酵母麵包片烤過，分別放在兩個盤子上，在麵包上擺放份量均等的碎酪梨，然後輕輕放上北極鱈魚排，撒上一些新鮮香草。如果你喜歡吃辣，這時就多撒幾滴 Tabasco 辣椒醬；當然多撒點檸檬皮屑和檸檬汁絕不會出錯，不過還是要看個人喜好而定。

鮭魚漢堡

（份量） **6 人份**

- 鮭魚 800 克，切成方便入口的厚塊
- 芥末醬 1 湯匙
- 辣根醬 1 湯匙
- 鯷魚 2 條
- 未上蠟檸檬 1 顆，取皮屑
- 麵包粉 1 把
- 切碎的蔥 2 湯匙
- 酸豆 1 茶匙
- 日式芥末粉 1 茶匙
- 乾辣椒片 1 茶匙，或青辣椒 1 小根，切薄片
- 鹽和現磨黑胡椒
- 油

盛盤
- 希臘優格 500ml
- 蒔蘿 1 把，切細
- 細香蔥 1 把，切細
- 小黃瓜 1/2 條，去籽，切絲
- 口袋餅
- 醃蘿蔔、茴香和小黃瓜（參見第 158 頁）

北歐地區向來以鮭魚著稱，我必須承認，我小時候非常，非常討厭煮鮭魚的味道。我可以接受煙燻鮭魚、鮭魚生魚片，煮其他魚類也大多沒問題，但有好多年的時間我只要看見煮鮭魚上桌就一定別開頭，真是辛苦我媽媽了，要是她煮的是這款食譜的鮭魚漢堡，說不定我會早點開竅⋯⋯

把四分之一的鮭魚放進調理機，加芥末醬、辣根醬、鯷魚、檸檬皮屑，一起打成滑順的魚泥，這就變成了剩餘漢堡料的最佳黏著劑。然後加入剩下的鮭魚，以及麵包粉、蔥、酸豆、芥末粉和辣椒，邊試吃邊調味（你可以挖一湯匙試煎一下，確認鹹度）。調理機跳壓幾下，讓所有材料混合均勻，但小心不要打過頭了，鮭魚塊應該保有半公分的厚度。

將漢堡塑形成小餅狀，炙烤

前冷藏至少 30 分鐘，最多 3~4 小時。

　　如果你是用火烤，利用烤肉夾網可以幫助你控制烹調時間，讓所有的漢堡排同時翻面，鐵網上要抹點油，以防止漢堡沾黏（用烤箱炙烤架也要抹油）。

　　在動手烤前，先將煤塊燒熱，等變成熱灰──避免用明火，才能避免鮭魚油滴落，造成過多的煙；炙烤到漢堡排兩面呈金黃色，就可以趁熱享用了。你可以把希臘優格混合香草、小黃瓜，搭配口袋餅和泡菜一起吃。

【小訣竅】沙拉雖然是可要可不要，但沙拉配上這種讓人欲罷不能的漢堡，能夠發揮很好的清潔味蕾的效果。

威士忌醃鮭魚

 份量　8 人份開胃菜

· 鮭魚排 1.5 公斤，對切
· 黑胡椒粒 1 湯匙
· 芫荽籽 2 湯匙
· 白砂糖 100 克
· 海鹽 75 克
· 威士忌 1 小杯
· 15 克袋裝蒔蘿 3 包，切碎

盛盤
· 15 克袋裝蒔蘿 1 包，切碎
· 酵母脆麵包乾 200 克
· 奶油

（照片見第 106 頁）

傳統的醃製鮭魚，在威士忌的加持下，多了一份醺醺然的節慶感。這道菜應該甜味比鹹味多一些，但如果你喜歡的話，也可以下等量的糖和鹽。這道菜的鮭魚要求盡可能新鮮，如果有疑慮的話，把魚排冷凍 24 小時殺菌後再解凍使用。

將鮭魚擦乾，挑掉小刺，然後對切成兩半，魚皮朝下，平置在雙層保鮮膜上。用研砵將黑胡椒粒和芫荽籽搗碎，倒進小碗中加鹽和糖混合，均勻淋上威士忌，再將蒔蘿鋪在魚肉（不帶皮的那一面）表面，最後撒上糖、鹽、香料的混合料。將兩片魚排像夾三明治一樣疊起，蒔蘿和香料混合料夾在中間，魚皮朝外，如果魚肉有露出來的部分，用掉落的蒔蘿和混料包覆住。用保鮮膜緊緊裹住，放到烤盤裡，盛住醃的過程中漏出來的水分，然

後放進冰箱，冷藏 24~48 小時。

　　把醃鮭魚從冰箱取出，拆掉保鮮膜，用餐巾紙將魚肉上的香草醃料擦掉，拍乾水分，魚皮朝下放在板子上。在不帶魚皮的這一面鋪一層切碎的蒔蘿，盡可能壓緊，但小心不要破壞魚肉，從尾巴部分往中間切斜片，搭配酵母脆麵包乾一起吃。千萬別忘了加奶油，奶油永遠有加分效果！

【小訣竅】如果你很有冒險精神，不妨試試用麥根沙士或其他酒類（像是阿夸維特香料烈酒、干邑白蘭地、琴酒或伏特加），或甚至杜松子酒來醃。

炸香料鹹鱈魚餅

(份量) **25~30 塊一口大小的炸鱈魚餅**

· 奶油 125 克
· 思佩耳特小麥精緻麵粉（或中筋麵粉）200 克
· 全脂牛奶 250ml
· 中型蛋 5 顆
· 鹹鱈魚 200 克，泡水 24 小時，拍乾後切成細條
· 鯷魚 1 小罐，切細
· 切碎的蒔蘿 1 湯匙
· 多香果粉 1 茶匙
· 白胡椒粉 1/2 茶匙
· 植物油 2 公升，油炸用
· 北歐風蒔蘿莎莎醬 1 份（參見第138 頁）

從歷史上來看，由於品質和風味上的優勢，北海鱈魚從古至今一直都是全歐洲需求量極大的魚種，尤其對於天主教國家而言，魚在他們的宗教中佔有極重要的地位。水煮鹹鱈魚是挪威的傳統經典菜色，而這道香料鹽味炸鱈魚餅則是取材自經典的現代新吃法。

將奶油放在小醬汁鍋裡融化，加入麵粉持續攪拌，直到變成金黃色的小疙瘩；如果想去除麵粉生味的話，就要捺住性子多攪拌一兩分鐘。將鍋離火，加入牛奶後攪拌一下，再拿回爐子上繼續加熱，用中小火，持續邊加熱邊攪拌，直到混合物微微煮沸約 2~3 分鐘，慢慢變稠成為平滑的醬汁，才將火關掉。

加入蛋，一顆一顆加，邊用打蛋器攪打，然後加入鱈魚、鯷魚、蒔蘿、多香果粉和胡椒。將最後的混合料蓋上蓋子，放進冰箱裡備用。

準備炸魚餅，用油炸鍋或一個大醬汁鍋將油加熱到 160°C。挖一湯匙鹹鱈魚混合料，放到油鍋中，一次約炸 4~6 個，每面炸 2 分鐘，到兩面呈均勻的金黃色為止。用大漏勺將魚餅盛出鍋，放在廚房紙巾上滴油，然後放進熱烤箱中保溫，繼續炸剩下的魚餅。趁熱享用，搭配北歐風蒔蘿莎莎醬一起吃（或者你喜歡經典的蒜泥蛋黃醬或塔塔醬，也很搭）。

熱燻鱒魚搭西洋菜、石榴，佐酪梨沙拉

份量 **6 人份**

- 熱燻彩虹鱒魚排 6 條
- 西洋菜 200 克
- 石榴 1 顆，取籽
- 熟透酪梨 3 顆，切碎
- 未上蠟檸檬 3 顆，取檸檬汁及皮屑
- 南瓜籽 1 把
- 各式泡菜（參見第 158 頁）
- 黑麥麵包 1 小條（約 400 克），切薄片，用烤箱低溫烘成乾脆的麵包粉

我媽媽為熱燻鱒魚取的別名叫做「全世界最健康的食物」。她會買一整條的熱燻鱒魚（非常大，不是你常見那種小小一塊的）來宴客，搭配酸奶油、醃黃瓜和麵包片一起吃，健康又美味，最適合賓客眾多的場合。

將熱燻鱒魚去皮、挑刺，切成適合入口的薄片。將西洋菜均分到 6 個盤子裡，擺上熱燻鱒魚片，然後撒上石榴籽、酪梨、檸檬皮屑、檸檬汁和南瓜籽，最後加點喜歡的泡菜，再撒些黑麥麵包粉就完成了。

燻雞佐甜菜根、麥粒、扁豆

 4 人份

- 法式扁豆 200 克
- 思佩耳特小麥珍珠粒 200 克（或選用大麥）
- 燻雞 400 克，切片
- 醃甜菜根 300 克，切片
- 綜合沙拉葉，洗過並瀝乾
- 北歐風蒔蘿莎莎醬 1 份（參見第 138 頁）或喜愛的油醋醬
- 鹽和現磨黑胡椒

盛盤
- 細香芹、蒔蘿、巴西利和細香蔥各 1 把（如果你搭的不是北歐風莎莎醬的話）
- 食用花
- 烘烤堅果，如山核桃、榛果、杏仁或胡桃

我小時候在挪威時，雞肉被視為是很奢侈的東西。全雞的價格更是貴得驚人，所以我們沒有英國每個星期天都要吃烤雞的傳統。現在當我很忙時，就會讓這道雞肉餐上場救援——準備起來很快，滋味和口感豐富，而且超級好吃。

將法式扁豆和思佩耳特小麥珍珠粒沖洗乾淨，按照包裝上的指示水煮（如果你肚子真的很餓想省時間，也可以選擇已經煮好的即食商品）。一煮好後，立刻離火，等稍微放涼後才能製作成沙拉。

將所有材料均分放在六個盤子上，或全部放在一個大盤上，接著淋上北歐風莎莎醬，或者你喜歡簡單一點的口味，也可以改成你喜歡的油醋醬。最後撒上新鮮香草（視你的需要決定）、食用花和堅果，讓菜餚看起來色彩繽紛，最好在一小時內吃完，因為沙拉葉和花枯萎得相當快。

☆ 隨興變化：

你也可以改用燻鴨肉、燻鹿肉、培根、義式風乾牛肉，或任何肉類加工製品和醃製肉品，只要能和甜菜根的大地氣息和香草的清新感相輔相成的都行。

烤香料豬五花

（份量）**8~10 人份**

- 五花肉 2 公斤
- 茴香籽 3 湯匙
- 多香果粉 1 湯匙
- 八角 2 顆
- 芫荽籽 1 湯匙
- 海鹽 4 湯匙（份量依個人口味調整），另備少許製作脆皮
- 煙燻海鹽 1 茶匙（非必要）
- 黑胡椒粉（粗粒）2 湯匙
- 白胡椒粉 1/2 茶匙
- 洋槐花蜜 1 湯匙
- 植物油少許

肉汁（非必要）
- 白蘭地
- 雞高湯

斯堪地那維亞半島各地的聖誕節菜色差異很大，有些地區吃海鮮來慶祝聖誕節，有些地區享用的則是冷盤盛宴。在挪威某些區域的傳統是烤豬肉，這也是我最喜歡的豬五花肉料理方式。茴香和八角的香氣，真的大大提升了豬肉的美味度，而多香果更為這道冬日菜餚增添了溫暖和厚度。

這道菜要從前一晚就開始準備，這樣五花肉才有足夠的醃製時間。用美工刀或鋒利的主廚刀，在豬皮上刻紋路，一直刻到肥油裡，但小心不要割到底下肉的部分，然後將豬肉放在一個大烘烤盤上，淋上大量的滾水，讓豬皮起泡──這樣豬皮烤的時候才會比較酥脆。把烘烤盤中的熱水倒掉，用大量廚房紙巾把豬皮和肉上的水分擦乾。這個步驟用吹風機的效果很好，可以吹 5~10 分鐘，這個步驟會影響到之後的脆皮效果，所以一定要耐心處理。

接下來，將香料、鹽和胡椒放到研砵裡磨碎，或用調理機打到完全混合。如果最後還是有太粗的顆粒，直接濾掉不要，這樣豬肉烤好後，你

才不會咬到硌牙的香料。

　　將香料、蜂蜜和足量的植物油在一個小碗中混合，調成醃醬。將醃醬揉進五花肉裡，豬皮刻痕的縫隙裡也一定要塗到。放到盤上用保鮮膜封住，或放進一個密封大塑膠袋裡，在冰箱放過夜。

　　隔天等你準備好要烤豬肉時，將烤箱預熱到最高溫（最好能到240°C ／烤箱溫度指數9）。將豬肉放在大烤盤上，再用吹風機狠狠吹5~10分鐘，讓豬皮的部分徹底乾燥；在豬皮上撒些海鹽，更有助於皮變得酥脆。

　　在烤箱高溫中烤15分鐘，這時豬皮會開始變脆起泡，所以如果你聽到烤箱裡傳來劈哩啪啦的聲響，不用太緊張。15分鐘後打開烤箱門，將溫度調到150°C ／烤箱溫度指數2，在烤盤注入一公分高的熱水，這樣可以讓豬肉在烤的過程中保持柔嫩；注意在溫度還沒掉到150°C 之前，烤箱門先不要關上，這樣降溫的速度才會比較快。

　　繼續烤2小時。如果你真的有時間可以慢慢烤，不妨將溫度調低到130°C ／烤箱溫度指數1/2，烤3~4個小時，如此烤出來的肉會非常多汁，不過用150°C 烤2小時的五花肉嫩度也是非常完美的。

　　指定的時間到時，將五花肉移出烤箱，敲敲看表面的脆皮，應該要感覺很硬才對，如果還有部分地方比較軟，可以皮朝下放在大平底鍋中以中低火熱10~15分鐘，這樣表皮應該全部都酥脆了。靜置30分鐘後就可以切片盛盤，你的聖誕節冷盤盛宴就多了一道大菜。

　　同時，將烤盤中四分之三的油脂倒掉，小心不要連寶貴的肉汁都倒出來了；你還可以用一點白蘭地和雞高湯溶解平底鍋裡的鍋巴，做成濃厚的肉汁淋醬。烤豬五花肉可以搭配你喜歡的沙拉，再加點泡菜一起享用。

烤羊排，覆蓋黑麥、香草、香料麵包粉

份量 **4 人份**

· 黑麥麵包粉 125 克（參見第 151 頁），或選用日式麵包粉
· 植物油 30ml，另備少許抹鍋用
· 15 克的平葉巴西利 1 包
· 15 克的蒔蘿 1 包
· 鯷魚 2 條（或一般大小的鹽漬鯷魚 1 條）
· 大蒜 1 小瓣，切碎
· 法式芥末醬 1 茶匙，另備少許抹羊肉用
· 煙燻海鹽 1 茶匙
· 現磨多香果粉 1/2 茶匙
· 白胡椒粉 1 小撮
· 法式切羊肋排 4 副〔譯註〕
· 鹽和現磨黑胡椒

烤羊肋排是一種快速享用美味烤羊肉的好方法，這個食譜中的黑麥麵包粉為甜美的羊肉增添了一分酥脆的口感和香氣，而搭配綠色沙拉，則可以適度中和羊肉的豐富油脂。剩下的羊肉隔天拿來啃還是非常美味，你也可以把肉削下來，切片做成沙拉或當成餡料。

烤箱預熱到 190°C ／烤箱溫度指數 5。

把材料清單上的黑麥麵包粉一直到白胡椒粉等十種材料，放進調理機中打，就可以得出香噴噴的麵包粉混料。

將羊肋排稍微抹鹽調味，油脂面朝下放在放了油的熱平底鍋中，讓羊肋排的油脂部分在進鍋烤箱先逼些油出來，變得酥脆，但要小心不要燒焦了。將羊肋排放到燒烤盤裡，兩兩相疊，變成一對。等羊肋排稍微放涼後，用手在表面抹上少許芥末醬，再將麵包粉料緊壓在肋排上，放進預熱好的烤箱中。如果你喜歡羊肉呈粉紅色，就烤 15 分鐘，如果喜歡吃熟一點的，就烤 20~25 分鐘。各家的烤箱有差異，所以要隨時注意羊排的變化。

等羊肉烤到你喜歡的熟度，就移出烤箱，放在砧板上靜置 10~15 分鐘，再移到大盤中。享用的時候搭配一份第 135 頁的焗烤根芹菜，和一些綜合泡菜，例如茴香、小黃瓜和大黃泡菜（參見第 158 頁）。

譯註：法式切羊排，指的是讓一端骨頭保留裸露的切法。

醃泡菜

　　所有味道中，我最喜歡的是酸味。我還在蹣跚學步的年紀，我媽媽就發現我超愛檸檬，給我一塊檸檬角我竟然可以開心大嚼起來，她一方面覺得好玩，一方面覺得有點可怕。她甚至曾經懷疑我是不是嚴重地缺乏維他命 C，不過後來發現我只是個喜歡吸檸檬的怪小孩而已。

　　酸味可以提升一道菜餚的層次，任何能在大膽的味道（像是煙燻、鹹、香料和酸味）之間做到平衡的料理，總是特別吸引我。酸味在北歐廚房裡非常重要，我敢打包票，本書中提供的所有可口菜餚，只要搭上酸溜溜的美味泡菜，味道都還會再提升。

快速醃泡菜配方

· 白酒醋 300ml
· 白砂糖 150 克
· 小黃瓜 1 條，或相同重量的大黃、茴香、大頭菜、根芹菜、甜菜根、胡蘿蔔或黑莓之類的莓果。

　　這個配方可以適用於底下提到的所有蔬菜和水果。如果你要為一大群人準備菜餚，只要按比例增加材料即可，不過要注意，快速醃泡菜的保存期限都不能超過 24 小時（例如小黃瓜，最好在幾小時內就要吃掉）。

　　將醋倒進一個小醬汁鍋裡，加入砂糖，加熱直到砂糖完全溶解，但注意不要煮到沸騰。等砂糖一溶解，將鍋子離火，放涼到微溫的程度，再加進切成薄片的小黃瓜（如果你喜歡不同外觀的泡菜，也可以直刨成長薄片）。靜置 1 小時便可食用。

【小訣竅】快速醃泡菜的訣竅在於，蔬菜要片得薄而平均，這樣才會以相同的速度軟化。如果你喜歡泡菜脆一點，就把醃泡的時間縮短就可以。莓果要整粒下去醃泡。

醃櫻桃

 份量 足夠填滿一個 **1.5 公升**
的玻璃罐

· 櫻桃 650 克
· 紅酒醋 500ml
· 果糖 200 克
· 多香果 3 顆
· 小荳蔻 3 粒
· 丁香 3 粒
· 肉桂棒 1 條
· 月桂葉 1 根
· 八角 1 顆
· 新鮮生薑 1 小塊，壓扁
· 檸檬皮 1 長條（盡可能選擇未上
　蠟的檸檬）

夏天時除了製作大量果醬，偶爾醃製一些櫻桃也很有新鮮感。醃櫻桃吃起來酸中帶著香料味，還有豐富的果香，是沙拉、野味料理的絕佳搭檔；你也可以把櫻桃換成當季的小型李子。另外，在沙拉醬汁中加點醃泡櫻桃的汁（少量）可以更提升風味。

櫻桃沖洗乾淨，用牙籤逐個刺些小洞（讓醃汁可以滲透到櫻桃裡），這道步驟比較花時間，不妨讓小孩來當幫手，或請朋友來幫忙！將刺洞的櫻桃放進消毒過的玻璃罐中，罐子的容量要足夠裝下醃泡汁才行，或者分成幾個較小的罐子。

將醋、糖、香料、檸檬皮和 200ml 的水放進一個小醬汁鍋裡，微滾 5 分鐘，讓香料釋放出香味。

將醃泡汁倒進裝櫻桃的罐子裡，蓋上蓋子，等完全冷卻後再放進冰箱裡，要密封至少 2 星期或更久，醃出來的櫻桃才會完全入味。醃櫻桃配醃鹿肉很美味，不管是直接吃或放在沙拉裡，效果都非常好。

別忘了這些醃櫻桃是有核的，吃的時候小心牙齒！

Chapter 6

健康享樂
主義

乾杯！

　　我們北歐人過日子採取的是健康的享樂主義，而且很自豪對生活的價值觀保有開放的態度。我們不僅在食物上採取健康的享樂主義，對於酒精這件事，也是抱持同樣的觀點——我們熱愛喝酒。雖然，有些論述會提到北歐比較保守刻苦的清教徒面向，但我認為，正是因為對酒的熱愛，才讓我們得以經年累月維持 hygge 生活。

　　唱歌也是歡樂和開心時刻的重點，尤其在某些特別的場合裡，我們喜歡邊喝酒邊唱歌，對於不熟悉我們習俗的外國遊客來說，可能感覺有點可怕。他們要是參加過北歐的婚禮就知道，我們真的很愛唱。

　　對待酒的 hygge 態度，絕不代表就是要喝醉，或一整晚待在酒吧裡飲酒狂歡。我年紀很輕時就知道，喝酒追求的不是喝醉，而是享受酒的風味，這也是為什麼我這麼愛威士忌的原因；你也可以喜歡琴酒或白蘭地，這是每個人的特權。在北歐，我們沒有所謂「男性的酒」這種東西，所以我剛來英國念大學時，發現女人被認為不應該喝啤酒和威士忌，感覺真的有點古怪。對我來說，如果有一杯盛在美麗玻璃杯裡的酒送到我面前，誰在乎別人怎麼想？

　　這一章中收錄的都是我的最愛：有能在冬天裡帶來溫暖的

熱紅酒；有以蘭姆酒為基底，讓人聯想到北歐愛與美的女神芙蕾雅的蛋蜜酒；有歡慶仲夏、沁人心脾的夏日專屬酒飲。不過，好酒還是要搭上美味的菜餚最對味，所以試試看做第 127 頁的多香果和威士忌烤雞肉串，或第 149 頁的炸香料鹹鱈魚餅來配酒。有需要慶祝的時刻，你何不做一些麥芽熱巧克力，搭配黑巧克力瑪芬呢（參見第 85 頁）？或者直接到附近的商店，掃一堆鹽味堅果或洋芋片回家吃也行，反正有酒精加持的 hygge 生活不用花大錢，只要把握開心、愜意、有趣的原則，在家也能辦出一場簡單的雞尾酒會……

三倍櫻桃熱紅酒

(份量) **10 份**，盛裝於耐熱玻璃杯
或瓷杯中

香料糖漿
· 細黃砂糖 100 克
· 小荳蔻 10 顆，壓碎
· 整粒丁香 5 顆
· 黑胡椒 3 顆
· 八角 3 顆
· 肉桂棒 1 根
· 生薑 1 公分
· 未上蠟甜橙，取果皮 1 長條（或
  任何你喜歡的柑橘類水果皮）

櫻桃
· 櫻桃糖漿 150ml
· 櫻桃酒 150ml，例如希琳櫻桃香
  甜酒
· 酸櫻桃乾 100 克
· 濃度較低的紅酒一瓶（75cl），
  例如薄酒萊

盛杯
· 有機甜橙 2 顆，去皮，切小丁
· 去皮杏仁 100 克

櫻桃總會引起我一種特別的
共鳴，讓我回想起在挪威的海岸
邊，在祖父母的果園度過的夏日時
光。就算在嚴冬的深夜時刻，只要
這樣一杯香氣強烈的酒，就能召喚
舊時光，我很喜歡藉著一杯三倍櫻
桃熱紅酒——深沉、豐富、又酸又
甜——與朋友和家人分享這樣的經
驗。

先來製作香料味糖漿，將糖
和 100 ml 的水放進小醬汁鍋裡加
熱，等糖一溶解就關火；加入所有
香料和檸檬皮，蓋上鍋蓋，浸泡過
夜，或至少幾個小時。

櫻桃的部分也是一樣（不過
不需加熱），將所有材料放進一個
碗中，蓋上蓋子，靜置過夜。

等你準備想喝熱紅酒時，將
糖漿和櫻桃放在一個大鍋中，小火
加熱，小心絕對不可以沸騰，熱度

要到讓鍋裡的酒微微冒煙的程度，就這樣，不能再高了。我喜歡讓酒在這樣的狀態加熱約 20 分鐘，讓所有材料的香味釋放融合在一起。接著在所有玻璃杯或瓷杯中，各放一兩塊甜橙丁和幾顆杏仁，再小心地舀入一些熱紅酒，請趁熱享用。

【小訣竅】花點時間多做一些香料糖漿是值得的，因為它在本章中其他食譜裡也都是重要材料，所以不妨做兩到三倍的量，製作熱紅酒剩下的，裝進消毒過的密封玻璃罐裡，可以在冰箱中保存三星期。

火辣聖誕節

 份量 **2 份，盛裝於耐熱玻璃杯
或瓷杯中**

· 奶油 50 克
· 楓糖漿 2 湯匙（或選用第 164 頁
  的香料糖漿）
· 辣椒粉、肉桂粉、肉荳蔻粉和香
  草海鹽，各一小撮
· 金黃蘭姆酒 120ml（只要是優質
  的金黃蘭姆酒，任何品牌都行）
· 直接從水壺中倒出的滾水
· 肉桂棒 2 條（非必要）

辣椒為這款聖誕經典熱奶油蘭姆酒錦上添花，增加了讓人嘴唇發麻的辣度。和烹飪時一樣，邊試邊調整味道是很重要的，這樣辣椒才不會放過頭了。訣竅在於，辣度要讓你有麻麻的感覺，但不能辣到你又喘又咳，哭天喊地好幾個小時，那種火辣感可不是人人能消受……

將奶油和楓糖漿平均分放到兩個杯子裡，加入香料調味，然後倒入蘭姆酒，再沖一點滾水，然後輕輕攪拌，讓奶油乳化和蘭姆酒融在一起。試喝看辣度和香料夠不夠，並隨個人口味調整，最後加一根肉桂棒，即可享用。

∞

由上到下：三倍櫻桃熱紅酒（第
164 頁）；火辣聖誕節

開心冒泡的一月酒

(份量) **2 份，盛裝於耐熱玻璃杯或瓷杯中**

· 淡威士忌 80ml（或 2 小杯）
· 櫻桃酒 2 湯匙，例如希琳櫻桃香甜酒
· 香料糖漿（見第 164 頁）4 湯匙
· 小荳蔻苦精 4 ml
· 血橙（連皮）2 片
· 香草鹽 1 小撮
· 直接從水壺中倒出的滾水

我們實在看不懂「新年戒酒月」（dryanuary）﹝譯註﹞或任何類似的假性戒酒行動到底有什麼意義。在一月我們該做的是，接受自己因為過節而花費過度，有點小破產的現實，並且堅持所有寒冬中該有的室內慶祝活動，點起明亮的蠟燭，享受美食、好酒和親友的陪伴。這款酒是滑雪（或任何戶外活動）後要來上一杯的最佳雞尾酒，保證讓這個嚴寒陰鬱的月份，變得讓人開心到冒泡泡。

只需要將所有材料混合放到一個耐熱壺裡，依個人喜愛加入滾水（要看你喜歡喝多熱，我喜歡熱到冒煙的程度，但不是所有人都愛）。酒精濃度也可以隨個人口味嘗試調整，威士忌要換成蘭姆酒也沒問題，你還可以試試看用茶來代替滾水，像仕女伯爵茶就很適合。

譯註：某慈善機構從二〇一三年起在英國推行的「一月戒酒行動」，倡導在一月期間不碰酒精。

酒香、麥芽香，香濃熱巧克力

份量 **1 份，盛裝於耐熱玻璃杯或瓷杯中**

· 阿華田 2 湯匙
· 威士忌 25~50ml（1~2 小杯）
· 全脂牛奶 150ml
· 黑巧克力 20 克
· 優質可可粉 1 湯匙，另備少許撒在頂端
· 香草鹽 1 小撮
· 鮮奶油一小坨
· 肉桂粉

我為老爸調製過這款飲料，他宣稱這是全世界最棒的熱巧克力，這個嘛，自己的老爸當然會這樣講，不過我希望你喝了也有同感。如果你想獨享這款巧克力當然沒問題，但我敢保證，它好喝到會讓你想跟別人分享。

將阿華田和威士忌放進杯中，輕輕攪拌變成糊狀。拿一把小醬汁鍋，加牛奶、黑巧克力、可可粉和香草鹽一起用中火加熱，用一枝小打蛋器邊攪拌，直到巧克力看起來均勻，並且開始冒煙為止。將滑順、美味的熱巧克力倒一點點到有阿華田和威士忌糊的杯子裡，攪拌一下後，再將剩餘的巧克力倒進杯裡。挖一坨鮮奶油放在熱巧克力上，再撒些可可粉和肉桂粉就大功告成了，hygge 生活就在這杯熱巧克力中！

「只要把握開心、愜意、有趣的原則，在家也能辦出一場簡單的雞尾酒會。」

香料甜橙沙瓦

（份量）**1 人份**

· 威士忌 50ml
· 新鮮橙汁 20ml
· 香料糖漿 20ml（見第 164 頁）
· 新鮮檸檬汁 20ml
· 蛋白 1 個
· 冰塊 1 小把

盛杯
· 檸檬苦精少許
· 未上蠟甜橙 1 顆，現磨皮屑
· 肉桂粉

我們全家都是威士忌沙瓦的愛好者。香氣十足的甜橙，和香料糖漿裡滋味鮮明的香料，讓這款沙瓦比貨真價實的威士忌沙瓦要溫和一些。

先把要盛放沙瓦的直筒平底杯或沙瓦杯放入冰箱冷藏，越冰，到時滋味越好。

接下來將冰塊以外的所有原料放進調酒杯裡，搖幾秒鐘；打開調酒杯蓋，放進大量冰塊，按著蓋子再多搖幾秒，直到裡面的沙瓦變得非常冰為止。

將沙瓦倒入已經冰透的杯子裡，加幾滴檸檬苦精，再撒些現磨的甜橙皮屑和少許肉桂粉，便可立即享用。

香檳加小熊軟糖

 6 人份

· 桃子酒 180 ml
· 自己喜歡的小熊軟糖
· 氣泡酒一瓶（75cl）

　　就算冒著被當成非專業人士的風險，我還是要說，這款飲料的設計不只端出場時會讓客人覺得好玩，而且還能廣泛應用在其他有氣泡的葡萄酒上。香檳加小熊軟糖聽起來很炫，但就和大多數的雞尾酒一樣，靈感來源多半出自意外，而不是精心的設計。這個酒譜就是如此，我在某場派對後剩下太多小熊軟糖，然後看到冰箱裡還有一小瓶香檳……何不來點新嘗試！

　　將 30ml 的桃子酒平均倒在 6 個香檳杯中，然後加一些小熊軟糖（每個種類各一兩顆），接著注滿氣泡酒，稍微攪拌一下，讓小熊開始在酒杯裡跳舞。你可以邊喝邊欣賞這些醉醺醺的小熊，它們正是這款酒的精華所在。

芙蕾雅蛋蜜酒

（份量）**1 人份**

· 無甜味杏仁漿 60ml
· 金黃色蘭姆酒 40ml
· 香料糖漿 20ml（見第 164 頁）
· 全蛋 1 顆
· 小荳蔻苦精少許
· 可可苦精少許
· 海鹽 1 小撮
· 冰塊
· 小荳蔻粉和可可碎豆，裝飾用

蛋蜜酒主要是由烈酒、全蛋一顆、一些糖、香料，或者再一點鮮奶油組合而成；不管是調製成熱或冷的，絕對都同樣美味。我將這款酒，獻給北歐神話故事中象徵愛與美，同時也法力無邊的女神芙蕾雅。在泡沫綿密的酒液中加入杏仁漿和小荳蔻、可可苦精，為芙蕾雅女神帶來現代風情，這就像一杯醉人的甜點，會有人不愛嗎？

找一個沙瓦杯、直筒平底杯或馬丁尼杯，先冰透，準備盛放蛋蜜酒。

將冰塊、小荳蔻粉和可可碎豆以外的所有原料放進調酒杯裡，搖幾秒鐘，讓所有材料混在一起。放進大量冰塊，按著蓋子再多搖幾秒，直到裡面的酒液變得非常冰為止。

將蛋蜜酒注入冰透的玻璃杯中，在泡沫上撒些小荳蔻粉，點綴幾顆可可碎粒便完成了，請一定要立即享用。

∞

由左至右：莓果潘趣酒（第 177 頁）；絲卡蒂氣泡酒（第 176 頁）；芙蕾雅蛋蜜酒

絲卡蒂氣泡酒

 1 人份

- 海鹽
- 粉紅葡萄柚 1 顆
- 百里香數根
- 伏特加 40ml
- 香料糖漿 20ml（見第 164 頁），或單純的糖漿亦可
- 新鮮檸檬汁 10ml
- 金巴利甜酒（Campari）5ml
- 葡萄柚苦精少許
- 冰塊
- 氣泡水

絲卡蒂是北歐神話中，以折磨人為樂的女神，最著名的故事是與洛基之間的過節。祂熱愛狩獵，是冬季雪地裡的行家，應對溝通時永遠擺出一副「少來惹我」的態度。有鑑於絲卡蒂的壞名聲，我想用這款苦味、森林氣息、酸味、鹹味、甜味兼具的金黃色葡萄柚氣泡酒，來作為向祂進貢的飲品，是再適合不過的。邀一群生氣勃勃的女人來聚會，用這款氣泡酒向絲卡蒂乾杯吧……

首先來製作葡萄柚和百里香鹽：在碗中放一把海鹽和半顆葡萄柚的皮屑，再加入一些百里香葉，混合均勻（用手操作即可），直到完成帶有柑橘和百里香氣味的鹽。如果有需要的話，可以多加一些葡萄柚皮和百里香。

將去皮的葡萄柚切半，輕輕地在杯緣壓一下，再用杯子去蘸鹽。（如果不只做一杯，就重複同樣的步驟。）

接下來，用去皮的葡萄柚擠出 50ml 的果汁，倒入杯中，再加入伏特加、香料糖漿、檸檬汁、金巴利甜酒和葡萄柚苦精；放幾顆冰塊和一根百里香，最後注滿氣泡水。從未去皮的半顆葡萄柚上切一小角下來，卡在杯緣作為額外的裝飾，然後就可以享用了。

莓果潘趣酒

（份量）**6~8 人份**

· 酒精度較低的紅酒一瓶（75cl），
　例如薄酒萊或深玫瑰紅葡萄酒
· 櫻桃甜酒 250ml
· 藍莓汁 250ml
· 新鮮檸檬汁 150ml
· 伏特加或琴酒、阿夸維特香料烈
　酒 100ml
· 香料糖漿 100ml（見第 164 頁）
· 櫻桃、小荳蔻和柑橘苦精各少許
· 新鮮藍莓、櫻桃、覆盆子、草莓
　和紅醋栗各 1 小把
· 肉桂棒數根，完整的八角數顆
· 檸檬片

盛杯
· 冰塊
· 氣泡水 600ml

　　潘趣酒常常被低估了，這真的很可惜，因為如果碰上有大批賓客的場合，製作潘趣酒非常簡單省力。這個配方是我會在盛夏時節做的潘趣酒，除了滿滿的北歐莓果，還加上第 164 頁櫻桃熱紅酒配方裡的香料糖漿，更增添溫和的香料香氣，乾杯吧！

　　將所有材料放進一個大酒缸中，充分攪拌均勻。

　　嚐嚐看味道是否喜歡，添加你覺得需要口味中的一些材料，別忘了等加上冰塊和氣泡水後，味道會被稀釋。

　　等準備讓賓享用你的潘趣酒時，再加入冰塊和氣泡水，然後讓大家自助盛杯就行了。

斯堪地那維亞夏日潘趣酒

份量 **6~8 人份**

- 氣泡水 1.5 公升
- 綠茶茶葉或茶包
- 伏特加 300ml
- 接骨花木糖漿 150ml，可依口味多加
- 檸檬 2 顆，切薄片
- 小黃瓜 1 條，切丁，或切細條當作盛杯後的攪拌棒
- 薄荷葉 1 小把
- 冰塊，盛杯用（非必要）

除了花園派對和野餐會中常見的甜到膩人的夏日雞尾酒之外，你又多了一種美味的選擇，這款夏日的飲料就像小黃瓜一樣清爽，而且準備起來也很簡單。你可以冰冰涼涼地盛放在高玻璃杯中端上來，而且檸檬、小黃瓜和薄荷浸得越久，滋味就越好。你也不妨用些夏日莓果（如藍莓或白醋栗）來做額外的裝飾，效果會很漂亮，但不裝飾也沒關係。

在準備供應這款飲料的幾個小時前，先將綠茶浸泡在氣泡水裡，記得瓶蓋要鎖緊，這樣氣才不會跑掉太多；如果你用的是散裝茶葉，記得在製作雞尾酒前要先將茶葉濾掉。綠茶氣泡水先存放在冰箱裡，等要製作時再拿出。

在大酒缸裡放入伏特加、接骨花木糖漿和其他所有材料，混合均勻，再加入綠茶氣泡水調和。蓋好放進冰箱裡靜置約一小時，當然也可以立刻盛杯飲用，但如果能讓所有材料充分浸泡，味道會大大提升。

直接飲用即可，或者添加一些冰塊，讓口感更清涼。

Chapter **7**

設 計 與 家 居

簡單為上

「簡單是最複雜的極致。」

——史提夫·賈伯斯

　　本書的核心信仰是，如果你頭上有片遮風避雨的屋頂，有張桌子可供朋友和所愛的人團聚，手上有些佳餚甚至美酒，再來你只需要有時間到大自然裡動一動，那你就已經成功了。我們北歐人喜歡探索自然，同樣也愛家居生活，其間的平衡就是了解我們生活方式的關鍵所在。北歐 hygge 生活的世界，在本質上就是回歸基礎，簡化你的生活，畢竟，簡單就是美好生活的基本，你在這個世界的生命如此短暫，何必把一切弄得那麼複雜呢？

　　近年來，我發現自己越來越受梭羅的文字所吸引：

　　「我們的生活浪費在瑣碎的事物上。一個正直的人需要的東西十根手指頭就算得出來，頂多再加上十根腳趾，其他就捨掉。簡單，簡單，簡單！我說，你的事情最好只有兩三件，不要一百件、一千件。計算何必用到一百萬，半打就夠，帳就記在你的拇指指甲上吧。身處文明生活瞬息萬變的海洋中，一個人若要生活下去，除非他縱身一跳，直直沉到海底，完全不打算到岸，否則勢必要經歷浮雲、風暴、流沙般千萬加一的事事項項，從航跡推算，那些功成名就的人，肯定是精於計算之人啊。簡化，再簡化吧。一天如果一餐就夠，就不要吃到三餐；何必一百道菜，五道就好；至於其他事，也按比例縮減吧。」

——梭羅，《湖濱散記》

我們的生活真的浪費在瑣碎的事物上了。削減一切，回到價值永恆不變的要務，我們便能從消費、出人頭地、跟上潮流的無盡壓力中釋放出來，不再企圖趕上旋轉木馬般令人疲倦的現代生活的腳步。真相是，這些全都不重要。簡單，簡單，再簡單！

這就是 hygge 生活的真諦。

但你可能會問，既然如此，那些北歐設計、創造出來的「美麗的家」，又是怎麼回事？可能有些讀者已經很熟悉，那些在北歐所製造出的美麗物件，例如阿納・雅各布森的「蛋椅」，多虧了實境節目《老大哥》曾拿來作為告解室的座椅，讓它在英國變得非常有名。北歐設計中有一系列令人一見難忘的椅子，蛋椅只是其中之一而已，事實上，我們真的很喜歡設計精良的椅子，幾乎所有著名的北歐設計師，都會為這種簡單的家具推出特色鮮明的作品。

另外一款著名的北歐椅子，是漢斯・韋格納所設計的「圓椅」，它是一九六〇年美國總統大選首次電視辯論會時，甘迺迪與尼克森的專屬御椅。我曾詢問過《倫敦設計指南》雜誌的創辦人兼編輯馬克斯・福瑞澤，哪一款北歐設計品是他會考慮花錢買的，他回道：「我會選 PK22 皮製椅（保羅・克耶霍爾姆設計的）。它非常典雅、舒適、真實，而且皮革會隨著時間越陳越美。我父親就有一把，希望我有幸將來能繼承那把破舊的老皮革椅！」美麗、永恆的設計是創造出來被延續下去的：我們仔細觀察北歐的設計，就會發現這個主題反覆出現……

或許你曾經被北歐地區的工藝和紡織品所震撼？對北歐犯罪影集的戲迷提到莎拉・隆德針織套衫〔譯註〕，他們會立刻熱情地說起自己有多熱愛古德古德牌針織毛衣的圖案。我的晚餐俱樂部合夥人漢娜，曾經和我主辦過一次紀念《謀殺拼圖》最後一季的早午餐會，要求所有與會賓客都要穿上自己最喜歡的針織套衫。其中某位客人穿著和影集女主角同款的針織套衫現身，唯一搶過她風頭的是另一位客人，她穿的針織衫圖案相同，卻

是自己織的；她們兩人的衣服看起來一模一樣，但最後大獎毫無疑問地給了那位花好幾個小時自己編織的客人。至於我個人擁有的針織衫中，有一件挪威西部製造的達爾毛衣，是從一九九〇年代中期便開始穿的，可以稱得上是古著了（這件毛衣出現在第 24 頁），但我個人最喜歡的一件套頭針織衫，是一九六〇年代祖母在我父親去美國念大學前織給他的。那件針織衫看起來還很新，是經典的挪威「馬呂斯」圖案，將來還會一直當作傳家寶流傳下去。

對建築感興趣的人，或許很熟悉芬蘭設計師阿瓦・奧圖所設計的壯觀建築物，像是一九三九年在諾爾馬庫落成的瑪麗亞別墅，以及他更早在一九三二年完成的作品帕伊米奧結核病療養院，被《建築文摘》譽為「二十世紀最驚人建築之一」，這個北歐建築的指標，設計的中心理念卻是治癒。

瑞典設計師岡納・阿斯普朗德的作品斯德哥爾摩公共圖書館，則是備受愛書人的推崇，而且經常名列世界頂尖圖書館之列。瑞典的設計創意在一九二〇年代風起雲湧，將瑞典推向國際認可的設計大國，阿斯普朗德的角色至為關鍵。他同時也與一九三〇年的斯德哥爾摩博覽會有密不可分的關係，這個博覽會讓北歐風設計迅速擴展成整個北歐地區的運動。

瑞典式的優雅

「美麗的家居環境，絕對能讓人快樂一些。」

——愛倫・凱《大眾之美》

譯註：莎拉・隆德是丹麥影集《謀殺拼圖》的女主角，永遠身穿相同圖案的針織套頭毛衣。

　　「瑞典式的優雅」這句話，是由英國建築評論家、記者兼飲食作家菲利普‧摩頓‧仙德首創的，用來形容一九二五年巴黎國際裝飾藝術展中突出的北歐設計。斯堪地設計公司的共同創始人芒努斯‧恩隆德在他即將發行的書中，形容當時正是二十世紀北歐設計發展史中的關鍵時期。出現在世紀交接期瑞典作家愛倫‧凱，著作廣受翻譯流傳，她對這個日後仍不斷演化發展的運動，有很深遠的影響。她的論點一直到現在，還深深影響所有生長在這個地區的人：「它的美在於，它是實際的、實用的，是為其目的而形成的，並且表達出使用者和創造者的靈魂。」美是從家開始，愛倫‧凱相信，所有人都有潛力創造出在美學上令人愉悅的居家空間，並在創造的過程中改造自己的生活。如果你在家裡能快樂，整個社會都會因此受益，愛倫‧凱是這麼說的。這聽起來或許有點盲目樂觀，但我敢說她是有所依據。她相信一個美麗的家所具有的正面力量，而這個深具啟發性的論點，至今仍受到我們北歐人的認同。

　　此外，愛倫‧凱還相信，設計出一個美麗家居的美學標準是可能的，而且是所有人的基本權利，好的設計絕不是精英階級的特權。瑞典藝術家卡爾‧拉森可說是同時代的另一個愛倫‧凱，他曾出版過一本畫冊《家》，對於之後幾十年的北歐設計文化同樣具有深遠的影響。拉森溫暖舒適的畫，變成了現代北歐美學的視覺入門書，以現代的眼光看來或許顯得古雅，但所傳達出的訊息卻帶有強大的影響力，畫中節約、簡單和溫暖的家園──是所有北歐人的夢想，而且是只需付出一點努力就能達成的願望。

　　尤其是瑞典，在整個二十世紀就等於是進步政策的代名詞，當時有關設計和隨後幾年的社會民主政策，等於應和了愛倫‧凱的主張──設計中的美，對社會大眾是可能造成深遠影響的。「設計而來的民主。」藝術史學者安德魯‧葛拉翰‧迪克森在他的 BBC 電視節目《斯堪地那維亞的藝術》中，曾這樣形容瑞典的藝術和設計；另外還要感謝 IKEA，讓人們

對於北歐設計的平易近人多了幾分認識。不管你喜歡或討厭，IKEA 都成功地將這種源自二十世紀初期設計師和藝術家的哲學，以視覺語言傳遞給全球的觀眾，而與這種哲學緊密相關的，正是一種對人的生活方式的實際關懷。

「北歐 hygge 生活的世界，就是回歸基礎，簡化你的生活。」

∞ 不管你的預算多寡，簡約的家居美學都很容易達成。

設計就是精煉出本質

　　感謝那些漫長、陰暗的冬天，祖先們為了躲避呼號的狂風、冰雪暴和飢餓大熊的攻擊，設計建造出堅固的小木屋或房子，才逐漸適應了北方嚴酷的氣候。我們的房屋建得都特別堅固，除了有其功能性外，也反映出某種堅毅感，和這裡的居民嚴謹、簡單實用的態度，就如伊莉莎白・威爾海德在《斯堪地那維亞現代家居》一書中所寫：

　　「為了要在如此不利居住的環境中生存下來，斯堪地那維亞人幾世紀來已經發展出一種堅強實際的天賦，善加利用有限的資源，用最經濟的方式實現行得通的對策。在材料短缺的狀態下，必須盡可能提高效率和減低浪費，這種解決問題的常識性作法，因而成為斯堪地那維亞傳統工藝的特質。在現代主義的信條『型隨機能』被創造出來之前，斯堪地那維亞的匠人所製造的日常實用物件就已經展現了這樣的信念。」

　　雙層玻璃窗在現在已經是標準配備，地暖系統更幾乎被視為基本人權，感謝現在科技將古早的熱炕技術再進化，我們才能在冬天赤著腳走來走去，而且我們會利用周遭環境可取得的材料，在家裡創造 hygge 生活，一年四季皆如此。

　　大自然為北歐定下了生活步調，這個主題已經在本書反覆出現，而我們的設計傳統便是根植於自然，以及戶外、大地景致和四季這些永恆的美學標準上。的確如此，我曾問北歐居家用品網路商店的兩位創始人芒努斯・恩隆德和馬克斯・福瑞澤，為何有這麼多北歐以外的人會受到北歐風設計所吸引，他的答案完全不出人意外：

　　「北歐的美學有一種不變的元素，表現在外的特徵通常是乾淨的線

條和現代感。北歐風設計常常不只在乎外型好看與否，也很注重功能性，我們想這一點很能讓人產生共鳴，因為功能是北歐風設計的核心，所以很少會有過時感。北歐的美學就是，只要再添加或抽掉部分元件就能輕易創造出流行感，但整體又不失北歐的感覺。」

　　不做作，專注在風格與實用兼備的品項，正呼應了芬蘭設計師阿瓦·奧圖的名言「美是用途與形狀的完美調和」──這可說是北歐風設計美學的最精闢總結。

　　好的設計，會深植在我們的歷史和我們的自我認同裡，要任何芬蘭小孩說出一個全國最有名的建築師或設計師，他們會毫不猶豫地回答：「阿瓦·奧圖。」畢竟，奧圖的作品公認名列二十世紀最偉大建築，和科比意〔譯註〕並駕齊驅。芒努斯·恩隆德告訴我：「芬蘭設計在光譜的這一端，丹麥則在另一端，瑞典比較接近芬蘭的審美，挪威則和丹麥比較近。」就如同芒努斯所解釋的，芬蘭的設計被列在光譜裡較冷僻的那一端，而丹麥的設計比較容易接近。這是相當審慎的歸納，當然還是不乏例外，但如果你好奇北歐風設計比較前衛的一面，不妨可以從芬蘭著手。

　　目前全世界的設計迷都在熱情討論北歐設計師。我問馬克斯·福瑞澤，我們的設計文化吸引人之處到底在哪裡？他回答：

　　「有好幾個吸引人的面向：其中一個是，沒有過多細節，他們著重的是功能性和乾淨的輪廓。還有一點是對材料的尊重，特別喜歡自然和觸感佳的材料，像是木頭。就算採用較大膽的顏色或形狀，設計依然堅持自

譯註：法國建築大師

信卻保持節制。設計就是精煉出本質。」

總結來說，如果你對北歐設計很陌生，底下是一些實用的訣竅：

北歐風設計是……

∞ 功能、風格兼備——反映出設計師與北歐人民皆為實用主義。

∞ 對比的顏色和質感，搭配在一起會非常協調。

∞ 極簡，卻溫暖。

∞ 注重自然材料：木頭、石頭、毛皮、羊毛和玻璃。

∞ 深受「有機型態」所啟發：例如湖、峽灣、山、瀑布、森林、海、冰和火。

∞ 容易入手，但未必總是買得起。

∞ 利用各種形式的光線來增加明亮的舒適感。

∞ 寧願選擇高品質的技術，不要平庸之作。

∞ 新與舊的混合。

∞ 根植於民主精神，將設計視為改善所有人生活品質的手段。

∞ 或許因為上述最後一個特質，因此會避開導致浮誇和炫耀式消費的設計與陳列。

「我們利用周遭環境可取得的材料，在家裡創造 hygge 生活。」

　　如同我們所見，自力更生的精神以及從大自然尋求靈感，是北歐設計的中心思想。對於許多已從拋棄式消費文化中醒悟過來的人，這些特質特別能引起共鳴。在這個經濟緊縮的年代，我們發現有一股舊物改造創新的風潮興起，那是源自祖父母那一輩「修補將就」的簡樸精神，那些出現在 Instagram 和 Pinterest 上的聰明設計的照片，一張張都是付出勞力心血換來的成果。我們許多人似乎想有意義地去改造舊物，不想浪費可取得的珍貴資源。

如何在家 hygge 生活

> 「不要擁有太多雜物，房子著火時就會很放心。」
>
> ──溫德爾‧貝里（美國小說家）

　　所以我們要如何在家中創造 hygge 生活呢？你尋求的是一個走進去就能感受到溫暖和平靜的地方，並且誘惑你到其間某個舒適的地點，沐浴在柔和搖曳的燭光中，享受一片蛋糕（你應該猜到了）。這個家要讓你有歸屬感，但絕對不需要大，也不用昂貴浮誇的裝潢。北歐設計的特質就是不做作，不贊同炫耀性的消費。就算再小的空間，也能創造出 hygge 生活，所以不論你是和別人分租公寓，或住在小套房，都可以在任何地方創造出 hygge 生活。關鍵在於，用開放的心態觀察周遭的環境，然後實際地考量在自己的預算範圍內這個空間應該是什麼樣子。

　　第一步，對你的室內空間進行嚴格的評估：

　　你長時間待在家裡時，有平靜和滿足的感覺嗎？如果沒有，仔細看看四周：是不是布滿多年以來不經思索所累積的雜物？你上次粉刷房間是什麼時候？你的窗戶髒嗎？房子裡能不能照進自然光線？

　　下一步，當然就是為你的空間來一次徹底的春季大掃除，或者是秋

季大掃除也行。事實上，即使你不準備戲劇化地改造你的空間，徹底的清潔工作也會帶來很大的變化。我們北歐人對於乾淨的空間很苛求，所以有句話說，「乾淨的房間等於乾淨的心靈」，但就算以審美的標準來看，有雜物和混亂就不可能美。你不必像軍隊一樣要求所有東西一塵不染，本書的宗旨是希望你將 hygge 精神一點點帶進日常生活，不是要你像強迫症一樣瘋狂打掃，把自己逼到崩潰。

這樣的作法有點拖拖拉拉，但費一點力持續地改善混亂的家居空間，是會有成效的。前幾章中曾提到，要動才算活著，這不只適用在健康和健身上而已，同樣也能讓你的家維持 hygge 狀態。如果你的室內空間很亂，到處都有霉點，氣氛也很陰暗、無生氣，那你在寶貴的閒暇時間待在裡面一定會感覺悶悶不樂。每當我將家裡徹底打掃乾淨後，就會很興奮。一點點努力就能帶來大大的喜悅，而一個美麗的家，可以讓你感覺安全、受到保護，有誰不想要呢？

讓清潔工作變成一次社交機會吧——我不是在開玩笑！挑個週末，找你的家人或朋友來家裡聚聚，用美食美酒來賄賂他們，用集體的力量幫你完成清潔工作。在挪威的時候，每年春天我們附近的鄰居都會聚在一起做社區志工，也就是聯合春季大掃除，將附近區域都清掃乾淨。這倒不是什麼利他主義，因為聯合眾人之力將附近打掃乾淨，讓大家住在一個看起來就是花費過心力維持的地方，所有人都得利。Hygge 生活不只是創造自己美麗的家，社群和團結也是重要的一部分。

人類是社會性動物，這種互惠的組織對社會關係來說非常重要。當其他人打算在自己家，或甚至整個社區進行大型清掃工作時，便擔任社區志工提供援手，這是兜一個圈與所愛的人維持良好關係的方法，而且這種善良的行為本身也一定會有所回報。大家一起工作不僅時間過得很快，而且你也可以從中獲得許多對自家室內空間的新觀點。

等你將公寓或房子裡不必要的雜物、舊文件，和各種亂七八糟、再

也派不上用場的垃圾全清掉之後，不妨退後幾步，思考一下哪些家具、裝飾品、燈具是你真正想強調的。哪一個應該是空間裡的重點，哪些又有互補作用？你可能會找出某些以前被你塞進角落、或者有特殊意義的東西（有些東西在清掉灰塵後，可能會瞬間展露風采）。再來，評估一下四周的牆面，它們足以襯托你擁有的這些可愛東西，還是讓一切看起來沒精打采呢？

　　讓房間重新恢復生氣不需要太多花費，你不用一定把牆都刷成白的，常有人說那樣能讓空間看起來更有北歐感，其實是刻板印象；到處都是白牆的房子會讓我聯想到療養院，但也有人特別喜歡全白的室內布置，覺得很療癒人心。如果你覺得白牆感覺太無聊，不妨試試一些木頭的對比色，像是灰色、淡藍、淡綠，或甚至比較特別的顏色，像是淺粉紅或黃色（後者用在兒童房感覺特別溫暖，會散發出積極的陽光感）。你也可以思考一下，哪些顏色會讓你平靜、快樂？這些顏色搭配上你所擁有（或打算添購）的物品感覺如何，然後你可以依序為每個房間畫設計圖，先花時間仔細思考希望自己的家變成什麼模樣，絕對勝過亂無章法地添購新的東西。

丟掉你的地毯

　　對從小在北歐長大的人來說，在地板上鋪一塊地毯，這想法簡直是瘋了。為什麼其他國家對地毯會這麼重視，對我們來說就是個無盡的謎。

　　如果可以由我來決定的話，我會把所有人家裡的地毯都丟掉，放一把火解決了。你想想看：灰塵、土、毛屑、細菌、霉，全都藏在地毯裡，除非你經常使用強力吸塵器，時不時徹底清潔一下（又有多少人真的確實做到），否則根本就是可怕的感染源，所以對北歐人來說，地毯真的超級噁心。如果你想要一個真正北歐 hygge 生活的家，就必須把「乾淨」這兩

個字奉若聖旨，也就是說，你的地板必須是可以用肥皂和水適當清潔的。你可能也會反駁說：「可是我很喜歡地毯在腳底下的觸感。」這也是我時常聽到的答案，對此我的回答是：穿上襪子，買一雙舒適（安靜）的拖鞋。另外，對於穿著戶外鞋在家裡走來走去這回事，我們也覺得很奇怪，因為外面穿的鞋子就應該放在門口，不應該踩進室內，把戶外鞋穿進北歐人的家裡，是很髒且不禮貌的舉動。

如果你真的受不了光溜溜一片的木頭、磁磚或石板地板，那就用幾塊小地毯或動物毛皮，來增添生活空間的溫暖和質感；不管怎麼樣，如果你有決定權的話，最好還是把地毯都丟了。

在思索如何創造家居 hygge 生活的同時，我才發現自己在挪威長大有多幸運，我們生活周遭都是簡單、優良的設計、堅固的房子和建築物，一切看起來都是那麼乾淨、明亮和清新。我們家是木頭地板，浴室裡有地熱磁磚，即使在冬天也能讓腳趾保持溫款舒適，我們甚至還有一間小小的三溫暖房，在忙碌一星期後流個汗，將日常生活的壓力都排掉，或者去越野滑雪一整天，讓自己重新復活。暖氣從來不是問題，因為我們有一台瑞典製的磁磚爐，爐子就擺在房子中央的地板上，表面覆蓋著白色的磁磚，這種爐子的熱輻射效果非常好，燃料只需要幾根木頭，所以我們也不用煩惱暖氣帳單的問題。我們的房子蓋在山腰上，沒有空地可以擴建花園，因此我爸媽改用石頭搭了一個小花園，種些高山野花和香草，我們善用環境，而不是去對抗它。

為了提供大家居家 hygge 生活的最佳小祕訣，我特別詢問了一些專業人士，請他們分享自己的專業知識，告訴你如果要將家裡重新裝飾成北歐風格的話，應該注意哪些事情。以下是他們的建議：

要有光

「將一個房間適宜地打亮，需要的不是錢，是文化。」

——保爾·漢寧森（丹麥燈飾設計大師）

如果你想為家裡添加 hygge 生活的氣氛，夜間照明時，用好幾盞小型的燈具（最好是可以調強弱的）取代單一主燈，可以立即為你的家創造出

「Hygge 生活的家，會帶給你溫暖平靜的感覺。」

∞ 木頭地板在北歐是很珍貴的，為什麼要在上面蓋一塊別名地毯的集塵布呢？

平靜、放鬆的氣氛。保爾‧漢寧森一九五八年為路易‧鮑爾森公司設計的
那款「朝鮮薊燈」，這絕對是北歐設計中最出名的一盞吊燈。這盞燈有絕
佳的照明效果，但是由於製作過程需要專精的技術和技巧，所以要價並不
便宜，你可以把這當成是值得存錢買的精品。不過漢寧森曾堅決表示，不
需要花大錢，也能將一個房間適宜地照亮。如果你想要比較特別一些的
燈，設計雜誌、網站和部落格可以提供你許多靈感，不過重點是選購多盞
形式各異的燈具，亮度各有不同，其中穿插一兩盞特別的燈罩，為房間添
加一點質感。

∞ 室內長青植物──譬如像多肉植物，不但看起來美觀，也容易照顧。

蠟燭永遠不嫌太多

我對於「hygge 生活就是溫暖的蠟燭」這種老套的說法，一直有點不屑一顧，但說實話，有了蠟燭感覺的確不一樣，尤其在陰冷的冬天。我們常常點蠟燭，就算沒什麼特殊名目也會點，像我坐在書桌前工作時、做菜時、看書時或泡澡時，統統都會點蠟燭。當外面的天氣冷淒淒時，燭光總能添加一點暖意（尤其你家裡又沒壁爐或烤箱的話），只要點起蠟燭，再黯淡的房間也會活潑起來。你可以選擇一些簡單的燭台和圓餅小蠟燭，另外也買一些形狀和尺寸特別的款式。

植物 hygge 生活

既然你現在已經搞定光線的問題，接下來就把自然帶進室內吧。讓自然在室內／室外並存能營造出非常好的效果，而許多建築物的設計也都試圖把自然引進室內。到你家附近的花店或大型園藝店逛逛，或者也可以上網買你負擔得起的植物，室內長青植物（尤其是多肉植物），不但能幫各種房間增添氣質，而且也容易照顧。要記得，盆栽擺設的數量要是奇數（前面提到的小圓餅蠟燭也一樣），而且要定期撢灰。你可以將舊花盆拿來創新改造，譬如漆成不同的顏色，如果有時間和意願的話，你甚至可以利用古銅色或銀色的玻璃彩繪漆，來添加金屬光澤感。

買一個自己喜歡的顏色的時髦花瓶，這樣插上切花感覺更能表現你的個人風格，而且就算不插花時，空花瓶擺著本身也是優雅的飾品。塔比奧·維爾卡拉一九七七年幫羅森道爾瓷器設計的經典「紙袋花瓶」，即使現在看來仍然新意十足。但你的花瓶不需要特地去買經典的設計精品，只要找一些別緻，又符合你預算範圍的類型就可以了。如果你的預算夠買多幾個形狀、大小不一的花瓶，就可以組合出更有風格的擺設，不過就算只有一

個也是足夠的。我爸媽兩邊的家族都很熱愛園藝，也喜歡植物、花草和大自然，我從祖母那裡繼承了一個習慣：每星期買一小束切花。不需要太豪華的，像我常買非洲菊，因為它們會在夜間釋放氧氣，格外適合放在臥室。當然，鬱金香或任何當季的花都行，都可以讓家裡每星期有不同的樂趣，關鍵是每次買單一種類，或單一顏色的花就好，要避免五顏六色混在一起。只需要一杯外帶咖啡的錢，你就能擁有一個星期份的花花 hygge 生活！

柔和的布料和織品

北歐人不害怕冬天，而是去擁抱冬天。室內 hygge 生活的特點之一是，承認冬天就是陰冷、漫長，所以我們就穿著溫暖的羊毛針織衫，大方地窩在家裡裹著毛毯。有印花圖案的沙發披毯、羊皮和靠墊，是北歐 hygge 生活不可少的元素，這些東西花費少少，但卻能有效地柔化室內空間，創造放鬆宜居環境。

書

我是愛書人，去一個人家裡，發現沒有書感覺很奇怪，再說書是永遠不退流行的東西，閱讀也是。在冰島，有一種最有文化的聖誕節傳統 Jólabókaflóðið，意思是「聖誕節的書市洪流」，這種對書的敬意足以讓所有愛書人雀躍不已。根據統計，冰島的人均出版書籍比地球上任何其他國家都多，每一千位冰島人就有五本書，而聖誕書市洪流更是大家每年都殷殷期盼的盛事。

如果你存放書籍的空間有限，可以考慮買能鎖進牆裡的隱形書架，將書作為室內設計的重點。IKEA 的比利書架是解決書籍收納的簡單、經

濟選擇，如果你有足夠的預算和空間，則不妨在家裡建一個小型圖書館，為你的氣質加分。樓梯井、飯廳和一些隱蔽的角落，都可以考慮作為擺設書和小圖書館的空間，不必將所有書都擺在同一個房間裡；如果你有大量的書要展示，最簡單的分類法絕對是依主題來分。

新與舊的混合

當年我在挪威長大時，從沒料想過出自北歐的木柄鍋具有一天會成為眾人垂涎的精品，這些設計簡單的鍋具，是一九六〇年起由堅斯・基斯特卡設計，在當初只是家裡隨處可見的用品，毫不稀奇。我們用芬蘭製里特拉大淺盤裝北海明蝦，來招待賓客，我爸媽在婚禮上則收到阿拉比亞銀蓮花系列餐具組（請見第 4 頁的藍色針織衫和馬克杯）作為禮物。小時候，祖母每年都會送我一份卡爾・拉森的插圖製成的年曆，當時我完全不知拉森的作品對我們的設計文化有多大的影響，但那些意象已經深植在我的腦海。我們無時無刻不被這些美麗的北歐設計所環繞，但一直到最近，我才理解這種視覺語言是如何強烈地影響了我的審美品味。幸好，這些舊物件與新的設計品還是可以完美地組合搭配，看起來毫無過時感，而混合新與舊的搭配，既能讓你家充滿珍貴的回憶，也能降低全新家具帶來的貧瘠感。

值得購買的 hygge 生活物件

如果你正在思考該如何為家裡添加一些北歐設計感，上網搜尋時可能會感覺有點不知所措，《倫敦設計指南》提供了以下的建議：

∞ 里特拉（Iittala）的設計品，尤其是凱吉・法蘭克（Kaj Franck）

的作品

∞ 歐雷佛斯（Orrefors）的大多數玻璃器皿

∞ 瑞德絲（Swedese）的家具十分典雅，木料永不過時

∞ 保羅‧克耶霍爾姆（Poul Kjaerholm）為弗利茲‧韓森公司設計的所有作品

∞ 漢斯‧韋格納（Hans Wegner）的作品

∞ 瑞典克拉森‧克伊維斯多‧讓恩（Claesson Koivisto Rune）設計公司的作品

∞ 挪威設計師安德亞斯‧安潔斯維克（Andreas Engesvik）的作品

∞ 挪威設計師雙人組安德森及沃爾（Anderssen & Voll）；挪威新銳設計組合維拉及凱特（Vera & Kyte）；瓦斯伯格公司（Wastberg）的燈具；價格較親人的丹麥家具品牌 HAY

∞ 英格傑‧拉曼（Ingegerd Råman）為歐雷佛斯設計的手工玻璃製品

∞ 印加‧桑貝（Inga Sempé）為瓦斯伯格公司設計的 The w153 Ile 夾燈

如果只能選購三樣北歐設計品，以下可以考慮：

∞ 普雷‧阿爾泰克（Pre‧Artek，創立於 1935）家飾的阿瓦‧奧圖凳：這款凳子首度上市是在 1932/3 年，名為「凳子，型號 60」，是阿瓦‧奧圖無數設計中的代表作之一。這款凳子有無數種用途，可以當作桌子，或擺在床邊，還可以當作腳凳，而且因為可以疊放，所以平時可以安全地疊起收納，等臨時有客人造訪，再拿出來當備用的椅子。實用且用途多元，正是典型的北歐設計特點，如果可以的話，這款凳子很值得收藏。當然，現代復刻版市面上也買得到。

∞ 凱吉‧法蘭克為「里特拉」家飾設計的提瑪（Teema）系列餐具，前身是由芬蘭品牌阿拉比亞在一九四○及五○年代推出的奇爾達（Kilta）系列。後者原先的設計是耐熱陶器，推出了各種與北歐家庭的食物和家飾相搭配的美麗顏色，這個系列的設計以其簡單的線條和耐磨的質地，通過了時間的考驗。「單純的盤子是最好的盤子。」這話我完全同意。這系列歷經數代的設計版本所追求的，都是日常生活和正式場合皆可使用，凱吉‧法蘭克覺得沒有理由需要兩套餐具，便以美麗的設計打破了這套老舊的觀念。「像是小孩畫出的盤子」，這正是許多廚師喜歡這個系列的原因之一：它們就像為食物準備的空白畫布，而且效果非常好。美麗、永不過時又耐磨，正符合 hygge 生活的廚房所需。

∞ 埃羅‧沙里寧的「鬱金香桌」（Tulip），埃羅‧沙里寧是芬蘭裔美籍建築師及設計師，巧妙融合了北歐設計的人文主義和二十世紀中美國的設計美學。一般想將椅子聚攏在有桌腳的桌子周圍時，往往會有些困擾，於是埃羅設想出解決的方法，讓鬱金香桌的桌面像是漂浮般棲落在中央堅固的底座上，簡單聰明的設計讓人不禁好奇前人為何沒想到過。無論是大理石桌面或白色桌面，這款桌子可以和任何家具搭配，完全體現了阿瓦‧奧圖所謂北歐設計中「用途與形狀的完美調和」。

以上這三個建議，不只能幫助你在家中創造北歐 hygge 生活，也讓你對於創造風尚的北歐設計師的價值有所認識。最重要的，是要保持簡單，創造一個讓你感覺平靜、滿足，並且與家人共享的空間。

畢竟，與 hygge 生活緊密相關的，正是我們下一章要討論的親密和歡樂的精神……

「美是用途與形狀的完美調和」──北歐風設計美學的最精闢總結。

∞ 普雷‧阿爾泰克家飾的阿瓦‧奧圖凳：多用途又實用，完美詮釋北歐設計永不退流行的特點。

Chapter **8**

親密、歡樂
與開放

所有人的 hygge 生活

「最重要的是，用閃閃發亮的眼睛看你周遭的世界，因為最偉大的祕密永遠在最意想不到之處。不相信魔法的人，永遠找不到。」

——達爾（英國兒童文學家）

Hygge 生活包含的是北歐生活的精華，我們主動地選擇去善用大自然、四季和各種戶外活動；我們喜歡親手製作東西；我們的飲食文化總結一句話，就是健康享樂主義文化。而北歐式的家，裝潢以簡單為依歸，畢竟家是讓你慢下腳步的地方，你會在這裡與家人團聚，或享受難得的獨處時刻。

最重要的是，hygge 生活需要的是體貼：在日常的每個行為中對自己體貼，以帶來滿足與愉悅；對他人體貼，發揮親密與歡樂的精神。我們有句話是這麼說的：分享即是關懷，在北歐人民的觀念裡，合作的價值勝於孤立。我們的社交場合總是歡樂開心，從在婚禮上熱情歌唱、和聖誕節同等重要的仲夏夜慶典，再到龍蝦派對，整個北歐地區都洋溢著活潑愉悅的氣氛，這正是 hygge 生活的核心所在。

往外看

雖然我們的維京祖先素有兇猛強盜的惡名，但我們從他們那裡也繼承到正面的特質：往外看。如同《世界盡頭：北海如何造就如今的我們》一書中的觀察：

「被漫長的冬天所囚禁，幾乎無法在狹隘土地上存活的人們，發現海洋是最明顯的出路。他們家中無需要保護的財富，周圍也沒有敵人，他們有充分的理由往外移動，再移動。」

我們知道古時北歐人最遠曾到達君士坦丁堡（現在的伊斯坦堡）和北美洲，這種實用主義的、探險的精神，依然留存至今——羅爾德‧阿蒙森的北極探險，索爾‧海爾達的康帝基號之旅就是很好的兩個例子。另外，對外貿易和移民也是這地區根深蒂固的務實作法——有些東西是我們北歐地區可以大量自行生產的，但也有許多其他東西是必須依靠外界供應的。以當年的眼光來看，孤立是不可行的，現在也是一樣。

在歷史上，與世界其他區域進行貿易是非常重要的，不僅是北歐諸國，歐陸、英國也是如此。與外面的世界進行貨物的貿易，不只帶進許多必要的補給，交換新思想、新技能，還引進許多吸引人的新風味。當有人問我為何這麼多進口香料會被視為是北歐特色風味時，我常舉以下的小例子作為解釋：在挪威，若沒有中世紀的漢薩同盟〔譯註1〕，不會有今日的卑爾根烘焙文化〔譯註2〕。德國的烘焙傳統，藉由商會所帶來的麵包師傅引進了卑爾根，他們在當地的康朵區落腳，展開數世紀的新生活；肉桂、小荳蔻之類的異國香料，也變成了本地的風味。「向外看」的確為我們帶來重要的補給，也讓肉桂捲成為寶貴的永續遺產。同樣是肉桂捲，在瑞典名為 kanelbuller，在芬蘭是 korvapuusti，到了丹麥，卻演變成丹麥的知名點心 wienerbrod，或叫維也納麵包（viennoiserie）。全球各地的食物文化史上，類似的故事不斷上演。

這也就是為什麼身為廚師的我會認為，一味避開進口食物，強調要用在地材料來創造「純粹」的北歐食物，實在有點奇怪。為何不能兩者並存？像檸檬、大蒜和地中海地區的香料，所有廚師的料理都靠它們增添風味，何必區分成本地和「其他」兩種類別？這在我看來毫無道理，我們家

的食物儲藏櫃根本是徹頭徹尾的國際大雜燴，塞滿味噌、醬油、山葵、花生醬、義大利麵、米和十多種不同的綠茶。既然我們北歐的人均咖啡、巧克力和可口可樂的消費量都是世界之最，那麼盲目地迷信本地食材，感覺真的有點做作。我們的食物文化長久以來都是因為向外看，才得以豐富茁壯。

團聚在一起

「如果你的財富比其他人多，最好建造一張更長的桌子，而不是更高的圍牆。」

――作者不詳

願意跨出自己的邊界往外看，將外面的世界視為值得探索，而不是恐懼的地方，這是我心目中北歐人最棒的特質。這對 hygge 生活來說有什麼意義呢？我想，對外面世界開放的這種心態，同樣也適用在我們家居生活上。所有人類是社會性的動物，在群體生活中求取進步，群體生活讓我們有做自己、彼此信賴和團聚的自由。北歐傳統中的自由主義和寬容是我們最引以為傲的，若要做到，只需要簡單兩個字：歡迎。

對親密和歡樂的需求，是一種根深蒂固的基本需要。你大概已經猜到了，這個家族的成員都很愛吃，每天晚上，爸媽和我幾乎總會坐下來共進晚餐。那是我們所有人消化一整天所發生的大小事，紓解壓力，隨興聊天的一段時間。因為在奧斯陸上餐廳很貴，所以我們請客通常都在家裡，我

譯註 1：中世紀的商會聯盟
譯註 2：卑爾根為挪威西南部海港城市

母親會拿出她經過千試百練的菜色，呈上挪威海鮮拼盤、快醃泡菜、麵包、奶油、酸奶油，再加幾瓶必不可少的好酒，以及一道她命名為「酩酊水果沙拉」的甜點。賓客們很喜歡我家的宴會，不只是因為食物美味，更重要的是，當全部菜色呈上後，我爸媽就會卸下主人的重責大任，放鬆下來盡情聊天。樸實無華的 hygge 生活就該是這樣──沒有上漿筆挺的白色桌布，

「進食時的社交意義，就和我們放進嘴裡的食物一樣重要。」

∞ 我們家人一起吃飯時，也是用大盤盛放，一起分享。我現在宴請客人的時候，也會採用同樣的方法。

沒有複雜的用餐規矩，也沒有華麗昂貴的餐具，只有老派的殷勤款待。

如果有同學來家裡過夜，我們幾個小鬼被餵得飽飽的之後，便躲起來看電影。我們會享用自助大餐，大嚼小熊軟糖和最愛的巧克力，吃到心滿意足為止，不過那是一個星期的量，所以接下來六天裡，都沒有糖果和甜點。這應該是我們許多人都信奉的健康享樂主義的最佳範例了：有喜歡的東西就吃一點，但不要過量。節制這兩個字聽起來有點掃興，不過很管用。

在餐桌上共同進餐，同時也教導我們小孩子如何與大人互動。我們絕不會被要求屈就看不同的菜單，而且也很少有放縱自己吃垃圾食物的例子，大人吃什麼，我們就吃什麼，而且也會加入聊天，一起對話。不管聊的是什麼無聊的八卦或時事，大人還是期待我們能對當天的話題提出自己的看法，我們絕不會讓小孩自己單獨吃飯，或坐在電視機前心不在焉地吃東西。

和許多家庭一樣，對我們家來說，和親朋好友的團結是在餐桌上融合進行的，除了吃下的那些重要營養素外，提供我們另一種滋養。如同麥可‧波倫所觀察到的，要解釋某些人口為何能生活得比較幸福和長壽，法國人為什麼吃不胖，為什麼義大利人和希臘人的地中海飲食健康指數會這麼高，解開謎團的關鍵很可能就是分享食物。預防地中海周圍大部分居民在盛年時倒下的，恐怕並非他們對優質麵包、起司、葡萄酒、美味的橄欖油、義大利麵、芳香的香草植物的愛——研究人員開始確認，進食時的社交意義就和我們放進嘴裡的食物一樣重要。現在健康界流行的是「專注」吃飯，不過那好像有點搞錯了重點，真正讓你品嚐出食物真味的是他人的陪伴。從其他食物文化中隨機挑出一些食材便大肆加以嘲弄，但完全不了解那些材料該如何食用、如何領略欣賞、在與其他人交流的放鬆狀態下進食又能提供怎樣的樂趣，在我看來是一點意義都沒有的事，想過北歐式的hygge生活，就必須先了解這些國家的人是如何生活的。

除了社交的功能外，共同用餐也是創意的溫床，有機會在理性、開

放的氣氛下與人進行討論，自由的思路更可以激發思考。如同冰島藝術家歐拉佛‧伊利亞森在撰寫自己工作室簡介時，是這麼寫的：廚房，當午餐時間到，工作室的十九名員工暫停了工作：

「圍著一張大長桌坐下，分享食物。我們藉此機會，一邊從未預期的角落中獲取靈感，同時繼續著那些有關工作的話題、閒聊或交換八卦片段。」

至於那些認為吃東西很無聊，食物只不過是「燃料」的人，伊利亞森所描寫的午餐時刻，可說是提供了令人信服的抗辯。事實上，在本書前面的部分也提過，瑞典研究人員發現，每天在辦公室裡的一段咖啡小憩，可以幫助提振精神，等於替員工做「集體充電」。

Hygge 生活就是體現在這些具啟發作用的理想，和所謂的「慢管理」上，同時也體現在每日滋養和照顧自己的行為之中。

這是北歐國家才獨有的情況嗎？當然不是。在西班牙，他們很喜歡 sobremesa，意思是「桌邊時間」，指的是他們在共同用餐結束後，仍依依不捨賴在桌邊不走，這大概算是伊比利半島版的 hygge 生活。想想看，你這輩子最難忘的幾次用餐是什麼時候，我敢打賭，其中至少有一次是和一夥人團聚吃飯，圍繞在桌邊和朋友及所愛的人聊天，而且未必是昂貴的餐廳或什麼精心巧思的晚宴。我和其他廚師及飲食作家聊過之後，發現在他們所說的難忘用餐經驗的故事中，食物往往幾乎是附屬品而已，真正重要的是藉由桌邊歡樂氣氛所引發的親密感。

與朋友、陌生人、所愛的人同桌共享簡單餐點的喜悅，是爸媽教導我的眾多人生課題中，讓我最心存感激的，這也是為什麼烹飪會在本書中佔有如此重要的份量。烹飪是所有人都能參與的，有經驗的廚師都能直覺地了解到這一點。

社交平等

　　親密感和歡樂，不只出現在與家人一起做菜和用餐的時候。曾經有一位好友的母親告訴我，和完全陌生的人一起用餐也可能帶來啟示。她曾在一群各有不同信仰的女士結束正式會議後，安排她們聚在一起分享小點心，交換彼此的背景資料，從相異的生活方式中，發現彼此的共同點，而和較陌生的親戚一起坐下吃個飯，這樣簡單的舉動往往會讓你大開眼界。

───────

「共同用餐，是創意的溫床。」

∞ 在最難忘的用餐經驗中，食物常常只是附屬品而已。

聯合邀請組織的創辦人艾芭‧亞克曼，在她的家鄉斯德哥爾摩有了新發現，她在教導移民瑞典文的過程中，發現她的學生常常對瑞典社會有很大的疏離感，因此她想做些什麼來幫助他們。我請艾芭詳細說明她創立聯合邀請組織的緣由。

「我知道我的瑞典朋友很少有人認識任何移民，而我的學生們也很少認識任何瑞典人。我感覺無論是左派或右派的政策討論，都很少能反映出我學生們的真實現況，我心想如果能讓更多人相遇和對話，或許能讓社會變得更好。我許多學生都曾邀請我去家裡吃晚餐，或慶祝孩子的生日或參加派對，所以我的靈感其實是來自於他們，我希望他們更多人就像我受到接納一樣，也被瑞典社會接納。所以我問學生們想不想和瑞典人一起吃晚餐，然後再問我朋友，想不想和某個正在學習瑞典語的人共進晚餐。」

餐點是免費的，菜色也很簡單，但這個概念卻可以在任何地方複製，艾芭在她的網站上提出一些有效的建議，提供「將陌生人變成晚餐同伴」的實用技巧。這個點子逐漸自主有機地發展，目前在全瑞典已經促成六百次晚餐。

讓陌生人感覺自己受歡迎，感覺被接納，其實真的不需要多少花費，艾芭的慷慨以及想讓人們團結在一起的熱情，正是北歐人開放和寬容的特質之一。那種進步的精神，是我可以立即辨識出來，並且完全認同的。曾經身為奧斯陸國際學校的學生，我很早就發現一件事，無論你有多害羞內向（我本身就是極度害羞和內向的人），當你被一群來自全世界各地的人所包圍，一起用餐便是觀察其他文化的好機會。畢竟，所有人都得吃飯，雖然我們所選擇的食物風味各有不同，卻成了輕易突破尷尬氣氛的一種好工具，無論是在任何年紀。當你們共同分享餐點時，就比較不容易去害怕

「別人」了。這和艾芭的觀察是一致的：

「這種改變的理論是，藉由共享晚餐，我們能夠減緩社會上排外和恐懼外國人的氣氛。作為個體，我們沒有權力去立法，但我們可以創造機會，邀請人們來參與，不管是出自自由意志、好奇和有趣……如果可以藉由晚餐讓家人感情更融洽，那是不是也能讓社會在晚餐桌上變得和諧呢？」

以我看來，艾芭創建的聯合邀約晚餐，是對新的文化採取開放的態度，正好完美地詮釋了北歐往外看的精神，但這同時也體現出我們與美國等地產生連結後，所發展出的大膽進取態度。幾年前，我對於倫敦很少有北歐餐廳感到越來越不耐煩，所以我的朋友兼同事漢娜‧佛蕭和我決定每個月舉辦一次早午餐和晚餐俱樂部，希望在隨和的氣氛中展示北歐式的待客之道。舉辦這些活動需要花費大量時間和金錢，所以不可能長期維持下去，但我實在難以忘懷看著陌生人在長桌周圍坐定下來，甚至有人是勇敢地獨身赴會，等我們端上雞尾酒——愛酒圈中著名的「態度調整劑」——的時候，對話開始變得活躍，所有人都放鬆下來。

每次活動結束，我們都收到各種感謝，讓籌辦餐會的所有辛苦都不算什麼了。這是我們分享 hygge 生活的方式，所有的設定也符合我們認可的標準——圍在桌邊，共享美味、自製的家庭料理。你在餐廳中很少有機會感受到這種歡樂的氣氛，除非他們明確地將自己調整為家庭式的餐廳，讓你可以和其他客人同坐在一張大長桌旁。這真是太可惜了，因為你永遠不知道自己會遇到什麼人，發展出怎樣的新友誼。

這就是 hygge 生活的精神：相信日常生活的魔法，選擇用希望和我辦得到的態度，來面對恐懼和失望；以和善的心態度過每一刻，無論對待自己或是他人，這不是很簡單嗎？

「真正重要的是藉由桌邊歡樂氣氛所引發的親
密感。」

∞ 如果辦得到的話，讓餐桌成為社交互動的焦點吧。

Hygge 生活輕鬆上手

∞ 大自然為北歐地區定下了生活步調；我們不對抗自然，而是去擁抱四季的強烈反差。

∞ 身處大自然讓你平靜。讓你退後一步，反思生活的本質。

∞ 身處大自然已被證實對身體和心理的健康有益，所以只要有機會就到戶外去吧，在野外尋找 hygge 生活！

∞ 戶外活動永遠比上健身房來得強。

∞ 無論活到幾歲，都要保持活動。找到一種自己喜歡的運動或活動，而且要切記：感覺棒最重要，不要追求外表。

∞ 北歐自給自足的精神，意思是你要懂得如何親手做出一些實用的事物。

∞ 如何劈柴，如何生火、油漆房間、煮一道美味的菜⋯⋯這些不只是實用的技能，同時也很有趣。

∞ 咖啡小憩：許多瑞典公司常見的日常活動，讓員工集體充電，是一種開明的措施。

∞ 我們不相信你吃下的食物會為你帶來罪惡感──一點點自己喜歡的食物，是保持一整天 hygge 生活的動力。

∞ 食物盡量保持簡單，著重能供應你能量的自然營養的食物。吃的時候放慢速度：充分品味一天中可以享用可口餐點的時刻。

∞ 我們相信，hygge 生活只需要少許的花費，不用太過拚命⋯⋯

∞ 乾杯！快樂的原則是要保持活躍，還有最重要的──健康享樂主義。

∞ 喝醉絕不是最終的目的，但適量的酒精是最好的「態度調整劑」。

∞ 美是從家開始的，而且我們相信，擁有一個 hygge 生活的家是所有人最基本的權利。

∞ 北歐式的家是極簡，卻溫暖的。自然材料為我們的設計添加永不過時的元素。

∞ 不只在那些安靜孤單的時刻善待自己，在與他人相處，無論是社交或共同從一些小事中獲得樂趣時，都要與人為善。

∞ 歡迎所有人的加入！

謝 辭

　　要不是當初在「貴腐酒吧」（Noble Rot Bar）和我的經紀人——蘇菲‧悉克思經紀公司（Sophie Hicks Agency）的莎拉‧威廉斯（Sarah Williams）共飲幾杯葡萄酒，不會有這本書的誕生。感謝！

　　本書製作過程的每個階段，都多虧有「我想過北歐式生活」小組的傑出表現，因此我要感謝：Carole Tonkinson、Olivia Morris、Lorraine Jerram、Justine Anweiler、Jodie Mullish、Jessica Farrugia、Charlotte Heal、Linda Berlin、Alice Hart、Nadira V Persaud、Keiko Oikawa，謝謝你們的辛勤努力，才讓這本書從一份簡報企劃案變成一部完整的作品。另外還要感謝 Jane Cumberbatch，以及妳美麗的家。

　　下列諸位則曾毫無遲疑地提供了建言，以及他們對於 hygge 生活的想法：Magnus Englund of Skandium、Sara Malm、Dr Tracy Cox、Charlene Hutsebaut、Diana Henry、Ebba Akerman、Max Fraser、Kell and Jacqueline Skott、Kai Price，以及 Amanda Nelson of Att Pynta、Niamh Shields、Elana Wilson Rowe、Richard Gray、Lynne Clark、Natacha Catalino、WenLin Soh、Kavita Favelle、Claire Nelson、Jeanne Horak-Druiff、Catherine Phipps、Mimi Aye、Damian Barr、Elissa McGee、Louise Marston、John Shields、Annie Gray、Felicity Spector、Richard Bertinet、Katie Brewis、Johan Duramy、Matt Smith。感謝 Rebecca Bevington-Smith 分享妳對於生活技能的看法，謝謝 Jason Alexander 提供「緩慢經營哲學」（slow management）的檔案資料，讓我耳目一新。

　　感謝長期以來支持我的家人與同事，和各位閒聊食物、生活與威士忌，總是樂趣無窮：Fiona Beckett、Aaron and Carolyn Rosen、

Nina Kadan、Maunika Gowardhan、Kaitlin Solimine、Camilla Barnard、Judy Joo、Hannah Forshaw、Gabrielle Hales、Dana Elemara、Alexandra Heminsley、Ailana Kamelmacher、Sarah Brown、Rachel McCormack、Annie Gray、Denise Medrano、Debora Richardson、Thane Prince、Sarah Chamberlain、Jon Spiteri、Kay Plunkett-Hogge、Lorne and Amy Somerville、Persephone 出版社和 BOOM 飛輪教室的工作人員，以及 Soho Farmhouse 的員工：James Lindon、Sasha Morgan 和 Mungo Wenban-Smith——我在迷你高爾夫球場上的表現可謂是場大災難，但全世界我也只敢在你們面前這樣羞辱自己了。此外，還要感謝 39 Essex Chambers 的會員，在試吃本書中的多款蛋糕後給予的反饋。

　　最後，要感謝我摯愛的 Jane Emerald Alexander 和 Jan Skaimsgard Johansen，他們是最稱職的爸媽，我對 hygge 生活的所有認識，都來自於他們的教導。

國家圖書館出版品預行編目 (CIP) 資料

我想過北歐式生活：美好食物、溫暖燭光、更多閒適和
歡樂的 Hygge 生活提案 / 席妮．喬韓森 (Signe Johansen)
著；殷麗君譯 . -- 初版 . -- 臺北市：遠流，2017.09
　　面；公分
譯自：How to hygge : the secrets of Nordic living
ISBN 978-957-32-8062-0(平裝)
1. 生活方式 2. 二十一世紀 3. 北歐

747.03　　　　　　　　　　　　　　　　106014266

我想過北歐式生活

美好食物、溫暖燭光、更多閒適和歡樂的 Hygge 生活提案

作　　　者　席妮・喬韓森（Signe Johansen）
譯　　　者　殷麗君
總 編 輯　盧春旭
執 行 編 輯　黃婉華
行 銷 企 劃　李品宜
封 面 設 計　江孟達
內 頁 設 計　黃鳳君

發 行 人　王榮文
出版發行　遠流出版事業股份有限公司
地　　　址　臺北市南昌路 2 段 81 號 6 樓
客 服 電 話　02-2392-6899
傳　　　眞　02-2392-6658
郵　　　撥　0189456-1
著作權顧問　蕭雄淋律師

2017 年 9 月 1 日 初版一刷
定價 新台幣 360 元（如有缺頁或破損，請寄回更換）
有著作權 ・ 侵害必究 Printed in Taiwan
ISBN 978-957-32-8062-0

HOW TO HYGGE: The Secrets of Nordic Living
Copyright © Signe Johansen, 2016
First published 2016 by Bluebird, an imprint of Pan Macmillan, a
division of Macmillan Publishers International Limited. Rights
arranged through Peony Literary Agency.
Traditional Chinese translation copyright © 2017 by Yuan-liou
Publishing Co.,Ltd.

YLib 遠流博識網　http://www.ylib.com
Email: ylib@ylib.com